TEE

Für Dominique und meine drei Kinder Romain, Clément und Julien.

CHRISTINE DATTNER

Fotografie Sophie Boussahba

TEE

Aus dem Französischen von Franziska Weyer

Flammarion

INHALT

ERSTER TEIL

DIE GESCHICHTE
DES TEES

EINLEITUNG

Tee – Getränk der Götter und der Menschen: Es war ein langer Weg bis zum weltweit verbreiteten Getränk.

Camellia sinensis, besser bekannt als Teestrauch, ist eine der ersten Pflanzen, die von Menschen kultiviert wurde. Mit Sicherheit existiert diese Kamelienart schon seit mehr als 5000 Jahren auf unserem Planeten. Zahlreiche Legenden ranken sich um die Entdeckung dieser Pflanze; sicher scheint jedoch, dass sich die Wiege des Tees in China befindet.

Die Legende von Chen Nung geht auf das Jahr 2737 v. Chr. zurück. Der um seine Gesundheit sehr besorgte Kaiser kochte sein Wasser stets ab, bevor er es trank. Eines Tages legte er sich nach einem langen Marsch unter einem Baum zum Schlafen nieder. Doch bevor er einschlief, setzte er noch einen Kessel Wasser auf. Ein leichter Wind kam auf und einige Blätter des Baums fielen in das Wasser. Als der Kaiser erwachte, trank er eine Tasse davon und war von dem köstlichen Geschmack begeistert. Diese Legende gilt als die Geburtsstunde des Tees.

Jahrhundertelang wachte man in China eifersüchtig über das Geheimnis des Teeanbaus und der Teeherstellung, ein Geheimnis, das im Lauf der Geschichte Anlass für zahlreiche Konflikte lieferte. Doch letztlich gelang dem Tee die Annäherung zweier Welten: der des Orients mit der des Abendlandes.

DER TEE UND
SEINE GESCHICHTE

CHINA

Einen Mord mag man verzeihen,
mangelnde Sorgfalt bei der Teezubereitung
hingegen niemals!
Chinesisches Sprichwort

Die Geschichte der Entdeckung des Teestrauchs mag gelegentlich angezweifelt werden, doch die Legende und ihre poetische Vergegenwärtigung enthalten dennoch einen wahren Kern. China ist die Wiege des Tees und bis heute das einzige Produktionsland, das mit über 10 000 verschiedenen Teesorten eine derartige Vielfalt bietet. Ein chinesisches Sprichwort lautet daher, dass ein Leben nicht ausreicht, um all diese Sorten zu probieren.

Im Lauf der Geschichte wurde Tee auf unterschiedliche Art und Weise genossen. Jede Dynastie entwickelte dafür ihre eigene Art.

DIE TANG-DYNASTIE (618–907)

In dieser Epoche wurde der Tee als »spirituelles« Getränk betrachtet. Damals wurde der Tee während der Herstellung in Kuchen oder Ziegel gepresst, um die Lagerung und den Transport zu erleichtern. Noch heute wird in einigen chinesischen Provinzen Tee in dieser Form produziert. Tee diente auch als Währung. Es genügte, ein Stück von einem Teeziegel abzubrechen, um es gegen etwas anderes zu tauschen.

Im Verlauf des 8. Jahrhunderts verfasste Lu Yu die erste Abhandlung zum Thema Tee. In seinem unvollendeten Werk beschreibt er den Teeanbau, die Herstellung und die Verkostung. Zu seiner Zeit wurde Tee zubereitet, indem man ein Stück von dem Ziegel abbrach, es in sehr heißem Wasser etwas aufweichen und dann ziehen ließ. Tee wurde als Nahrungsmittel oder Gewürz betrachtet, das zum Beispiel für eine Suppe verwendet wurde.

DIE SONG-DYNASTIE (960–1279)

In dieser Zeit wurde der Tee pulverisiert, indem man die Teeblätter zwischen zwei Mahlsteinen zerrieb. Anschließend wurde etwas Teepulver mit heißem Wasser übergossen und die Mischung mit einem Bambusbesen schaumig aufgeschlagen. Noch heute leitet sich die japanische Teezeremonie *Cha no yu* davon ab.

DIE MING-DYNASTIE (1368–1644)

In dieser Zeit wurden die Teeblätter nur getrocknet, aber nicht zerkleinert. Anschließend ließ man die Teeblätter in heißem Wasser ziehen. Über die Schifffahrtsgesellschaften hielt im 17. Jahrhundert Tee in dieser Form Einzug im Abendland.

DIE QING-DYNASTIE (1644–1911)

Zu Zeiten dieser Dynastie beherrschte man die Technik der Teezubereitung bereits hervorragend. Die Wahl des Wassers, die Temperatur, die Zeit des Ziehens und die Utensilien der Zubereitung waren bekannt. Seitdem wird das Porzellan und das Steingut für die Tassen in der Provinz Guangdong hergestellt. Auch entstanden in dieser Zeit in der Provinz Yixing die ersten Keramikteekannen guter Qualität. Eine unglaubliche Schwärmerei für Tee setzte ein. Die holländischen, später auch die englischen und dann die französischen Schifffahrtsgesellschaften begannen, die wertvollen Blätter nach Europa zu importieren und sie dort zu vertreiben. Gleichzeitig transportierten die ersten Karawanen Tee von Peking nach Moskau an den Hof des Zaren.

Teeziegel. China.

Gleichsam aus Versehen entstanden in jener Zeit auch die ersten Rauchtees. Ein Teebauer, der einer wichtigen Bestellung nachkommen musste, beschloss, das Trocknen zu beschleunigen, indem er die Teeblätter über einem Feuer aus Fichtenholz ausbreitete. Natürlich nahmen die Blätter den Geschmack des Rauchs an. Dies war die Geburtsstunde des Lapsang Souchon, eines Tees, der bis heute in Europa sehr gefragt ist.

Während dieser Dynastie wurde unter der Herrschaft des Kaisers Daoguang am 29. August 1842 das Nanking-Abkommen unterschrieben, das dem Opiumkrieg ein Ende setzte. 1798 hatte der englische Premierminister William Pitt Gesandte nach Peking geschickt, die ein Handelsabkommen mit China vereinbaren sollten. Aus Angst befahl der Kaiser, sämtliche Pforten seines Reichs für den Handel mit dem Abendland zu schließen, was einen weiteren Warenaustausch ganz und gar unmöglich machte. Die Engländer waren daher gezwungen, für ihr Lieblingsgetränk einen hohen Preis zu zahlen, was sich in der Handelsbilanz sehr schnell bemerkbar machte.

Seit der Errichtung englischer Kolonien in Indien wurde der Mohnanbau verstärkt vorangetrieben, und die Engländer hatten sich daran gewöhnt, Opium gegen Tee und Gewürze aus China einzutauschen. So reagierten sie auf die Grenzschließung durch Kaiser Daoguang mit einem Ausbau des illegalen Handels von Opium in China. Die chinesische Regierung durchsuchte und zerstörte in Kanton ganze Schiffsladungen. Daraufhin entsandte die Regierung von Königin Victoria ein Expeditionskorps

Aufguss einer Teeblume (Golden Daisy).

nach China, das Kanton angriff; anschließend fuhren die Engländer den Jangtsekiang bis Nanking hinauf. Der Kaiser musste kapitulieren und England den freien Handel in den wichtigsten Häfen wie Shanghai und Kanton zugestehen.

Von da an kam es in China bis zur Revolution 1949 zu zahlreichen Bürgerkriegen und schwerwiegenden Konflikten. Die »roten Teufel« (die Engländer), die, vom Teehandel angelockt, aus dem Abendland gekommen waren, hatten den Stein ins Rollen gebracht.

Nach der Machtübernahme Mao Tse-tungs wurden die Teehäuser geschlossen. In den Augen des Politikers war das Teetrinken in solcher Umgebung »unproduktiv« und sollte schwer bestraft werden. Erst Mitte der 1990er Jahre erlebten der Teehandel und die Teehäuser in China eine neue Blüte.

Diese sehr beliebten Teehäuser servieren heutzutage exzellenten Tee und sind für ihre Gastfreundlichkeit bekannt. Die Chinesen haben ihr *Xian cha* wiedergefunden, die Zeit des Tees, in der alles andere ruht.

HEUTE

In China wird vorzugsweise grüner und blaugrüner Tee getrunken. Die gesamte Schwarzteeproduktion geht in den Export.

Die Chinesen trinken den ganzen Tag über grünen Tee. Häufig werden Glasbehälter verwendet, in die sie morgens vor der Arbeit einige Teeblätter legen, die mit heißem Wasser übergossen werden. Den Tag über werden diese Blätter immer wieder mit heißem Wasser übergossen, und so ist ständig

Tee zum Trinken bereit. Am Ende des Tags ist der Tee sehr dünn und das Koffein verflogen.

Wenn Chinesen etwas Zeit haben, bevorzugen sie zwei Arten, ihren Tee zu trinken. Für den Genuss des grünen Tees bevorzugen sie die berühmte *Zhong*, eine Porzellantasse mit Deckel und Untertasse. Der Deckel symbolisiert den Himmel, die Tasse den Menschen und die Untertasse die Erde. Man gibt ein paar grüne Teeblätter in den *Zhong* und gießt sie mit nicht zu heißem Wasser (70 °C) auf. Vor dem Genuss lässt man die Blätter 2–3 Minuten ziehen.

Die zweite Methode nennt sich *Gong fu cha* (Teezeit). Dafür wird blaugrüner, halb fermentierter Oolong-Tee verwendet. Er wird hoch konzentriert in kleinen Keramikteekannen aus Yixing zubereitet. Auch die winzigen Teeschalen sind aus Ton und innen meist weiß emailliert. Jede Geste ist genau vorgegeben. Die kleine Teekanne und die winzigen Schalen werden auf ein Tablett mit einem Auffangbecken, das »Boot« genannt wird, gereicht. Danach folgt die Zeremonie des Teebrühens. Nachdem das heiße Wasser in die Teekanne gegossen wurde, darf der Tee 2–3 Minuten ziehen. Der Tee wird in kleinen Schlucken getrunken. Mehrere Aufgüsse sind möglich. Die gesamte Zeremonie lässt Ruhe und Ausgeglichenheit entstehen und erinnert an den Vorgang des Teilens.

In China symbolisiert der Tee eine Lebenseinstellung, eine Philosophie und die Suche nach Ästhetik. Einige chinesische Gedichte und Legenden beleuchten die wichtige Rolle, die der Tee in diesem riesigen Land spielt.

LU TUNG
(TANG-DYNASTIE)

Gedicht der sieben Schalen Tee

Die erste Schale netzt mir Lippen und Kehle.
Die zweite verscheucht meine Einsamkeit.
Die dritte durchdringt mein unfruchtbares Inneres,
um darin nichts weiter als einige fünftausend Ideogramme zu finden.
Die vierte Schale erregt einen leichten Schweiß –
alles Schlechte des Lebens schwindet durch meine Poren dahin.
Bei der fünften Schale bin ich geläutert.
Die sechste ruft mich ins Reich des Unvergänglichen.
Die siebte Schale ist die letzte – ah, aber ich kann nicht weitertrinken. Ich fühle nur den kühlen Windhauch, der sich in meinen Ärmeln fängt.

YAN TANG
(MING-DYNASTIE)

Gedicht über Tee in meinen Bildern

Ich erwerbe ein grünes Gebirge
und kultiviere dort die allerfeinsten Teesträucher.
Im Frühling ist Ernte auf allen Hängen,
aufgebrüht wird nach traditioneller Art.
Ich schätze den Duft und den Geschmack,
den mein Tee mir bietet.

Teedose aus Bambus.

CAI TINGBI
(QING-DYNASTIE)

Nahe der Brücke, gezimmert aus drei Brettern,
getrocknete Brombeerranken und Hanf in ein paar
Kisten.
Qiqiang-Teesträucher breiten ihre Zweige aus.
Die neuen Knospen werden gepflückt.
Junge Mädchen am Flussufer trocknen die grünen
Teeblätter.
Nur ihre schönen Silhouetten lässt der Vorhang
meines Fensters erkennen.
Ihre Haare fallen schwarz über ihre Schläfen.
Nichts erinnert an ihre Behausungen,
geduckt am Fuße des Biluo-Berges.
Beim Sprechen dieses Gedichts atme ich den Duft
ein,
der mich durstig macht.
Ich brenne vor Lust auf den neuen Tee,
den sie bereiten.

Während der Qing-Dynastie entstand eine sehr hübsche Legende, die von der Entdeckung des Tie Guan Yin berichtet, des berühmten Oolong-Tees, der in der Provinz Fujian und dort besonders im Bezirk Anxi hergestellt wird.
Ein Bauer kam jeden Tag an einer kleinen Tempelruine vorbei, die einst der Göttin Guan Yin geweiht war. Angesichts des ärmlichen und verfallenen Zustands des Ortes seufzte er vor Traurigkeit, doch ihm fehlten die Mittel für eine Wiederherstellung. Um die Göttin dennoch zu ehren, kam er regelmäßig, fegte die Ruine, entzündete Räucherstäbchen

Aus Bambus gefertigte Utensilien.

Steinguttasse und Keramikteekanne, China.

Gegenüber: Lapsang Souchong, China.

und säuberte die Statue. Eines Nachts erschien ihm die Göttin und erzählte ihm von einem Schatz, der sich in einer Grotte hinter der Ruine befinde. Er solle Sorge dafür tragen, sich großzügig zeigen und den Schatz mit all seinen Nachbarn teilen. Erfreut begab sich der Bauer zu dem beschriebenen Ort und wurde sehr enttäuscht. Anstelle eines Schatzes fand er nur einige Körner. Wie sollte er so wenig auch noch teilen? Aus Liebe zu der Göttin pflanzte er den Schatz sorgfältig in seinem Garten ein und sah wunderschöne Büsche heranwachsen. Als er einige der Blätter aufbrühte, entdeckte er ein reines und intensiv schmeckendes, zauberhaftes Getränk.

Eifrig begab er sich mit ganzem Herzen daran, die Kultivierung dieses Teestrauchs voranzutreiben, um all seinen Nachbarn davon anbieten zu können. Das Anbaugebiet wuchs, und die Teesorte erhielt den Namen Tie Guan Yin oder »Eiserne Göttin der Barmherzigkeit«, denn die Statue der Göttin in dem alten Tempel war aus Eisen. Der Bauer wurde ein reicher Teeproduzent und restaurierte den Tempel.

Auch heute noch ist der Tie Guan Yin eine der begehrtesten Oolong-Teesorten.

*Yin Zhen (»Silber-
nadeln«): ein wunderba-
rer weißer Tee aus der
Region Fujian.*

JAPAN

Im 9. Jahrhundert kehrten buddhistische Mönche aus China zurück und brachten dabei den Tee mit nach Japan. Sicher ist, dass es der Mönch Ei Chu war, der dem japanischen Kaiser Saga die erste Tasse Tee reichte.

Zu jener Zeit wurde Tee in Japan allein von den Mönchen getrunken. Dieser erlaubte ihnen, während der langen Stunden der Meditation wach zu bleiben. Der zu Pulver gemahlene Tee wurde mit einem kleinen Bambusbesen schaumig aufgeschlagen.

Erst im 12. und 13. Jahrhundert wurde der Tee in ganz Japan bekannt. Neue Accessoires, Schalen und Tassen wurden zunächst aus China importiert. Der *Cha no yu* (Teeweg) war geboren. Dieses Ritual wird bis heute in Japan gelebt. Der von Teemeistern zelebrierte Teeweg soll Harmonie, Respekt, Ruhe und Reinheit bewahren helfen. Viele Lehrjahre sind notwendig, um den Titel »Meister« zu erhalten.

Die erste Teeschule wurde von Murata Shûko Ende des 15. Jahrhunderts in Kyoto, der damaligen Kaiserstadt, gegründet. Der berühmteste Teemeister Japans ist zweifelsohne No Rikyu Sen (1522–1591). Er legte für die Teezeremonie sehr strenge Regeln fest und schuf so ein wahrhaft spirituelles Ritual.

Vor Beginn des *Cha no yu* müssen sich alle Teilnehmer von negativen Gedanken befreien.

Die Samurai legen ihre Waffen ab, bevor sie ein Teehaus (*Chashitsu*) betreten. Demut und Abgeklärtheit müssen den Geist erfüllen.

Das Dekor – *Kakemono* stellt eine Landschaft dar, *Ikebana* oder ein Blumenstrauß variieren je nach Jahreszeit – hilft durch seine Schlichtheit und Einfachheit, den Teeweg zu betreten.

Bei einer japanischen Teezeremonie sind folgende Dinge unabdingbar:

– *Natsume*: eine Lackdose, die den Matcha oder das Teepulver enthält,

– *Chasen*: ein Bambusbesen, um den Tee aufzuschäumen. Einige Teemeister verwenden ihn nur

Für den »Jadeschaum«
schlägt der Teemeister
den Matcha mit einem
Bambusbesen (Chasen)
auf.

Gegenüber:
Chashaku, ein Bambus-
spatel zum Dosieren
des Tees.

ein einziges Mal. Der *Chasen* wird nach den präzisen Vorgaben des Teemeisters gefertigt, der ihn bestellt.
– *Chawan*: die Teeschale,
– *Kama*: ein Kessel mit heißem Wasser,
– *Chashaku*: ein Bambusspatel, mit dem der Tee dosiert wird,
– *Hishaku*: eine Bambuskelle, mit der das heiße Wasser aus dem Kessel entnommen wird.

Mit der Bambuskelle (*Hishaku*) wird dem Kessel (*Kama*) heißes Wasser entnommen und in die Schale (*Chawan*) gegossen, in die man zuvor mit Hilfe eines Bambusspatels (*Chashaku*) Tee (*Matcha*) gegeben hat. Anschließend schlägt der Meister den Matcha mit einem Bambusbesen (*Chasen*) auf, um den »Jadeschaum« zu erhalten.
Er bietet dem höchstrangigen Gast eine Schale Tee an; dieser soll den Tee in kleinen Schlucken gewissenhaft bis zu den letzten Tropfen kosten. Danach beginnt der Meister für den nächsten Gast erneut mit seiner Zeremonie. Kleine, sehr süße, aus roten Bohnen zubereitete Gebäckstücke bereiten den Gaumen auf die Bitterkeit des Tees vor.
Diese Tradition besteht bis heute, und so kann man in Kyoto, Tokio und anderen Orten in Japan immer noch einer solchen Zeremonie beiwohnen. Drei auf den Teeweg spezialisierte Schulen lehren diese Kunst der Teezeremonie immer noch.

Heute ist Japan einer der großen Produzenten, was grünen Tee betrifft. 80 000 Tonnen werden jährlich hergestellt; somit nimmt Japan als Teeproduzent weltweit den sechsten Rang ein.

Die ersten Pflanzungen des Teestrauchs *Camellia
sinensis*, den buddhistische Mönche aus China mit-
gebracht hatten, gehen auf das 10. Jahrhundert
zurück. Diese Teesträucher blühen noch heute in
der Provinz Uji im Süden Kyotos und in Shizuoka,
einem riesigen Landstrich in der Nähe Tokios. Diese
Plantagen sind wunderschön und hervorragend
gepflegt.

In der Gegend von Nagoya hat man sich sehr
schnell auf die Herstellung schöner Schalen und
Teekannen aus Keramik und Steingut spezialisiert.
Zudem ist Japan das erste Land, indem man besonders hübsche Teekannen aus Gusseisen her-
stellte.

Die Kunst des Tees und alles, was damit zusammen-
hängt, werden in diesem widersprüchlichen Land
mit großer Raffinesse gelebt.

*Verschiedene japanische
Teesorten.*

Auszug aus *Leben und Geist des Tees*

Harmonie, Respekt, Reinheit und Ruhe
Soshitsu Sen*

*Denen, die sich nach den
Blüten des Frühlings sehnen,
zeige die jungen Knospen,
die aus den verschneiten Hügeln sprießen.*

*Tee, das heißt schlicht:
Wasser zum Sieden bringen,
Tee zubereiten und
ihn mit aufrichtigem Herzen trinken –
mehr muss man nicht wissen.*

Dies ist die immerwährende Anbetung von Schlichtheit und Reinheit in Japan.

* Soshitsu Sen ist der fünfzehnte Nachkomme einer langen Reihe von
Großmeistern der größten japanischen Teeschule Urasenke.

*Matcha-Tee und
Chashaku,
ein Bambusspatel
zum Dosieren des Tees.*

Japanisches Gebäck auf der Basis roter Bohnen. Es wird zum Tee gegessen, um diesem die Bitterkeit zu nehmen.

豊実粋菓

柚香

Ein Bambusbesen
(Chasen) *in einer Schale.*

Gegenüber.
Sencha-Tee als Aufguss
(Chawan).

TIBET

Tee (*boeja*) wurde im 7. Jahrhundert unter der Regierung Songtsen Gampos nach Tibet importiert. Zu jener Zeit wurde der Tee in China zu Kuchen oder Ziegeln gepresst, was das Lagern und vor allem den Transport erleichterte. Yak-Karawanen transportierten die Teeziegel über das Gebirge nach Tibet.

Eine solche Reise dauerte mehrere Monate. Der Tee kam aus den chinesischen Provinzen Yunnan und Sichuan. Bis nach Lhasa galt es, über 5000 Kilometer Wegstrecke und mehr als 5000 Höhenmeter zurückzulegen. Seit seiner Einführung in ihrem Land bereiten die Tibeter Tee auf eine eher ungewöhnliche Weise zu. Zunächst muss der Tee gebrochen und zerstoßen werden. Dann wird er in Wasser gekocht und zum Schluss mit Salz und Butter aromatisiert. Manchmal wird er mit Milch und gelegentlich sogar mit Gerstenmehl getrunken. Auf diese Weise zubereitet, wird das sehr energiereiche Getränk noch heute den vom Aufstieg erschöpften Besuchern gereicht.

In Tibet wird der Tee zerstoßen, gekocht und mit Butter und Salz getrunken.

INDIEN

Die Geschichte des Tees in Indien ist eng mit der Geschichte Englands verknüpft. Obwohl Tee auf dem Subkontinent erst seit dem 19. Jahrhundert kultiviert wird, ist Indien heute mit 900 000 Tonnen jährlich der größte Teeproduzent der Welt. Die englischen Schifffahrtsgesellschaften, die den Teehandel zwischen China und dem Abendland sicherten, interessierten sich sehr schnell dafür, eigene Plantagen zu besitzen. Anlässlich der Vermählung der Prinzessin Katharina von Braganza mit Karl II. hatte England Bombay als Mitgift von Portugal erhalten.

Ende des 18. Jahrhunderts gab es in den botanischen Gärten in der Nähe von Kalkutta die ersten Versuche, Teesträucher zu kultivieren. Die Ergebnisse waren ermutigend. Doch erst Anfang des 19. Jahrhunderts wurde die Provinz Assam von den Brüdern Bruce erschlossen und dabei eine neue Teepflanze entdeckt, die *Camellia assamica*.

Das erste Teekomitee wurde 1834 von Lord Bentick ins Leben gerufen. Das war der Startschuss für den

In Kaschmir wird der Tee mit Kardamomkapseln und zerstoßenen Mandeln getrunken.

Teeanbau. Es gelang, chinesische Arbeiter zu überreden, nach Indien zu kommen und dort den Teeanbau zu lehren.

Die *Camellia assamica* entwickelte sich hervorragend im Flachland und wurde zur wichtigsten Teepflanze Indiens. Ihr Geschmack ist deutlich vollmundiger und kräftiger als der der *Camellia sinensis*. So wurde 1839 die Assam-Teegesellschaft gegründet und damit beauftragt, den Teeanbau in der ganzen Region weiter voranzutreiben. 1860 existierten in dieser Region bereits etwa 160 Plantagen.

Die Geschichte des Tees in Darjeeling, einer höhergelegenen Region im Norden Indiens, verlief gänzlich anders.

Der 1812 geborene schottische Botaniker Robert Fortune erhielt von der Royal Horticultural Society den Auftrag, eine Reise nach China zu unternehmen. Als Mandarin verkleidet und mit Hilfe eines chinesischen Führers bereiste er monatelang unter großen Gefahren das Land und erstand in verschiedenen Regionen *sinensis*-Teesträucher. Mit den ersten Sendungen nach Kalkutta erlebte man einen großen Fehlschlag, denn die jungen Pflanzen hatten die lange Reise nicht überlebt.

Im Verlauf einer zweiten Reise, die Fortune im Auftrag der British East India Company 1848 unternahm, gelang es ihm, 12 837 kleine Teesträucher in China zu »ergattern«.

Die ersten *Camellia-sinensis*-Plantagen in der Darjeeling-Region wurden zweifellos in Puttabong und Tukvar gegründet. Diese beiden berühmten Teegärten existieren bis heute und versorgen uns mit Tee allerbester Qualität. Kaum zwei Jahre später existierten in Darjeeling bereits 80 Teeplantagen.

Der in dieser Gegend produzierte Tee wird häufig als der beste auf der ganzen Welt angesehen. Einige haben ihm sogar den Namen »Champagner der Tees« gegeben.

Das 1947 unabhängig gewordene Indien exportiert beinahe seine gesamte Produktion. Im Land wird nur der Tee minderer Qualität getrunken. Er ist sehr stark, die Blätter sind gebrochen, und die Inder trinken ihn gewöhnlich mit Milch und Gewürzen.

Im Kaschmir genießt man ihn mit Kardamomkapseln und zerstoßenen Mandeln, und im Pandschab im Norden Indiens kocht man ihn mit Milch auf und fügt manchmal Pfeffer oder Chili hinzu.

Bis heute wird eigentlich überall in Indien Tee (*tchai*) getrunken. Häufig wird er in einfachen Tontassen gereicht, denn es ist in Indien Usus, diese nach dem Austrinken zu zerbrechen, um sicher zu sein, dass kein Angehöriger einer niedrigeren Kaste aus der gleichen Tasse trinken wird.

Darjeeling
F. T. G. F. O. P.

CEYLON

Von der Mitte des 17. Jahrhunderts bis zum Ende des 18. Jahrhunderts hielt Holland die Insel Ceylon (seit 1972 Sri Lanka) besetzt. Niemand dachte damals daran, dort *Camellia sinensis* anzubauen. Erst mit der Besetzung Ceylons durch die Engländer entwickelte sich zunächst die Kaffeeproduktion auf der Insel, die lange Zeit mit der brasilianischen Kaffeeproduktion rivalisieren konnte, bis ein Pilz sämtliche Kaffeepflanzen vernichtete.

Glücklicherweise hatten einige Plantagenbesitzer ihren Anbau bereits diversifiziert. Die erste Teeplantage verdankte die Insel James Taylor, einem jungen Schotten, der nach Ceylon ausgewandert war. Der junge Botaniker pflanzte dort ab 1860 Teesträucher aus Indien und China. 1872 erfand er eine Maschine, um die Blätter zu rollen. Er wurde selbst nie Plantagenbesitzer, sondern arbeitete sein ganzes Leben lang für die Loodecondera-Plantage. Als diese an die Banque Occidentale verkauft wurde, entließ man Taylor. 1892 starb er im Alter

von nur 57 Jahren, wohl aus Kummer. So hat er nicht mehr erlebt, dass der Ceylon-Tee schon im darauf folgenden Jahr zu einer der Hauptattraktionen der Weltausstellung in Chicago wurde.

Der Name eines weiteren Teeliebhabers und Abenteurers ist bis heute eng mit Ceylon verbunden: Thomas Lipton. 1890 kaufte er Teeplantagen auf Ceylon, stellte seinen eigenen Tee her und vertrieb ihn direkt an die englischen Endverbraucher, die schon damals Liebhaber dieses Getränks waren. Von ihm stammt auch einer der ersten Werbeslogans: »Von der Plantage direkt in die Tasse!« 1886 entstand auf Ceylon das erste Teesyndikat. Zu dieser Zeit hatte es in Europa bereits zahlreiche Werbekampagnen für Tee gegeben.

Als Ceylon 1948 unabhängig wurde, fuhr man fort, auf der ganzen Insel Tee von hervorragender Qualität zu produzieren.

Heutzutage ist das Teekomitee Sri Lankas sehr aktiv und auf allen europäischen Messen präsent, um die Vielfalt der Teeproduktion darzustellen.

Seit jeher hat Ceylon ausschließlich schwarzen, fermentierten Tee produziert, allerdings bietet es seit kurzem auch einige grüne und blaugrüne Teesorten an. Diese kleine Produktion wird sicher in den kommenden Jahren ausgebaut werden.

DIE EINFÜHRUNG DES TEES
IN EUROPA

Die lange Reise des Tees von Asien ins abendländische Europa begann vermutlich bereits im 9. Jahrhundert. Mehrere arabische Reisende erwähnen in ihren Berichten die Existenz des Tees, der zu jener Zeit von Kanton in China mit den Karawanen reiste.

Im 13. Jahrhundert beschrieb Marco Polo den Tee als ein Getränk, das den Frauen und Greisen vorbehalten sei. Im 16. Jahrhundert begannen unerschrockene Seefahrer die Meere zu erkunden. Portugiesische Seefahrer brachten auf dem Seeweg die ersten mit Tee gefüllten Kisten nach Portugal. Sie besaßen zu jener Zeit in Macao ein berühmtes Handelskontor. Die Holländer hingegen gründeten 1602 die erste Indien-Handelsgesellschaft und verschifften ab 1606 die ersten Teekisten nach Europa. Bis 1660 konnten sie ihre Monopolstellung im Handel mit dem Orient aufrecht erhalten. In China und sogar in Japan tauschten sie Salbei und Borretsch kistenweise gegen Tee ein. Die Engländer bevorzugten zu Beginn des 17. Jahrhunderts noch Kaffee.

1638 beschloss Japan, den Handel mit dem Abendland einzustellen, und so wurde China einziger Teelieferant. Von 1660 an lehnte England jeglichen Handel mit Holland ab und gründete die East India Company, eine eigene, von Königin Elisabeth I. unterstützte Handelsgesellschaft. Mitte des 17. Jahrhunderts hatte der Tee nämlich Einzug in London und auch am königlichen Hof gehalten. 1658 eröffnete der berühmte Gastwirt Thomas Garraway den ersten Teeausschank. Zu jener Zeit wurde Tee bereits als Heilmittel gegen Kopfschmerzen und Magenbeschwerden angesehen.

1662 heiratete die portugiesische Prinzessin Katharina von Braganza Karl II. von England und führte am englischen Königshof die berühmte *teatime* ein. Als Mitgift brachte die Infantin das wunderbare Handelskontor in Bombay ein.

So widmete ihr der englische Dichter Edmund Waller einige Verse:

Die wunderbarste Königin,
die wunderbarsten Blätter
verdanken wir dieser kühnen Nation.

Den englischen Händlern entging natürlich nicht, welch Interesse und welchen Geschmack die Königin am Tee fand. Der Teehandel entwickelte sich rasch. Nebenbei profitierte auch Karl II. davon, indem er die Steuern beträchtlich erhöhte.

Dank ihrer offensiven Politik gelang es den Engländern im Verlauf des 18. Jahrhunderts, Holland seine Vormachtstellung zu nehmen und das Monopol im Handel mit China zu erlangen, das bis 1834 hielt. In diesem Jahr versuchte China, den Handel mit England zu unterbinden. 1840 brach der Opiumkrieg aus, der 1842 mit der Kapitulation Chinas endete. Das Reich der Mitte unterschrieb den Vertrag von Nanking und bot den Engländern fünf große Handelskontore an.

Zu jener Zeit war Tee in England bereits außerordentlich beliebt und hatte längst den Kaffee verdrängt. 1769 importierten die Engländer bereits ca. 2000 Tonnen Tee. Die empfindliche Ware vertrug die lange Reise in den feuchten Schiffsbäuchen jedoch oftmals sehr schlecht. Die Importeure hat-

Seerosen-Tee als Aufguss: ein mit Vanille, Rhabarber und roten Früchten aromatisierter, chinesischer Schwarztee mit Blütenblättern von Kornblume und Sonnenblume.

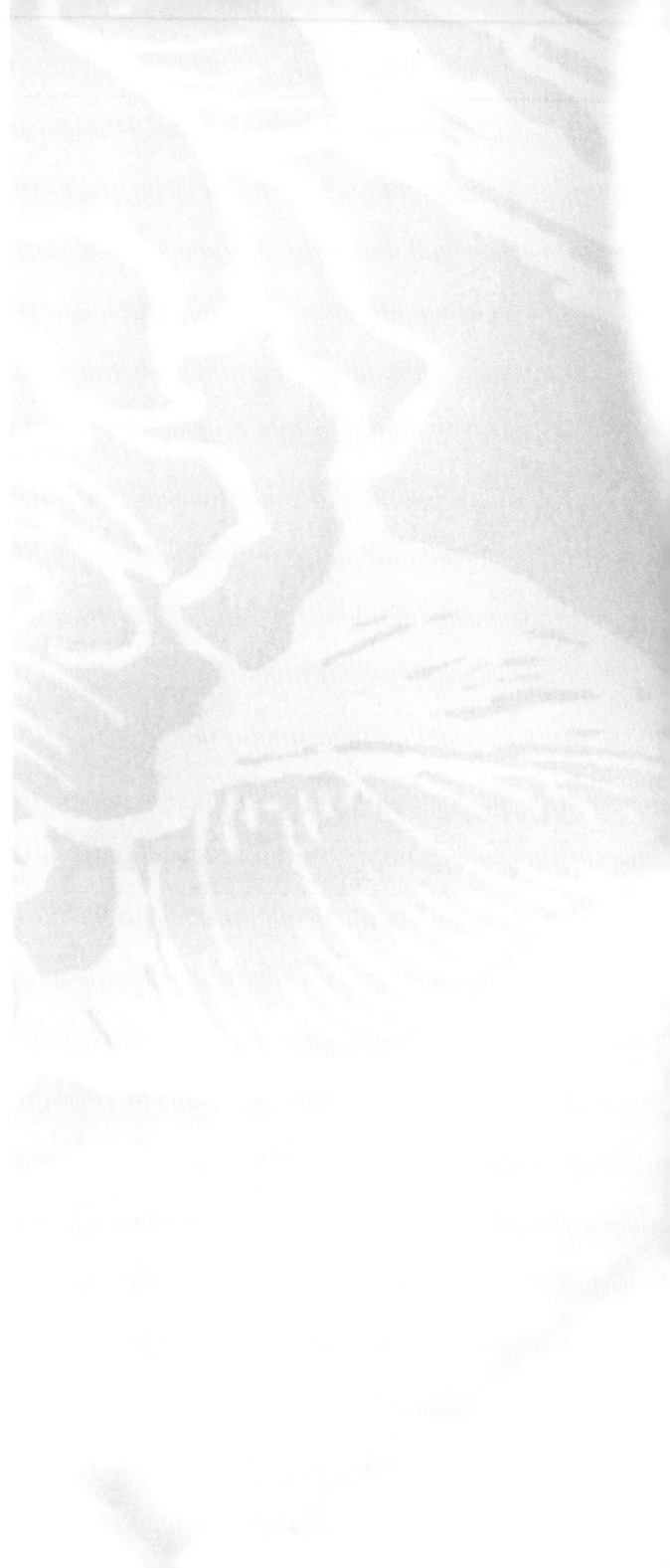

ten große Verluste zu beklagen. So beschloss man im Verlauf des 19. Jahrhunderts, schnellere Schiffe zu bauen, die berühmten Clipper.

Die Schifffahrtsgesellschaften lieferten sich regelrechte Rennen. Londoner Händler setzten Siegesprämien aus. Doch im Dezember 1850 war es ein amerikanischer Clipper, der das Rennen gewann. Die *Oriental* benötigte von Hongkong bis London nur 95 Tage. Die Engländer waren tief beschämt, als ihr erster Clipper erst 15 Tage später in den Londoner Hafen einfuhr.

Nach 1866 wurden die Wettrennen immer verbissener. In jenem Jahr fand im Mai die berühmteste Regatta statt. Mehrere Clipper verließen den chinesischen Hafen Fuzhou, um nach einer langen Überfahrt in Abständen von nur wenigen Minuten in London einzutreffen. *Cutty Sark*, ein wunderbarer und schneller Clipper, schrieb an diesem Tag Geschichte.

1869 endete das »Spiel« mit der Eröffnung des Suezkanals, und nach und nach ersetzten Dampfschiffe die Clipper.

Die Würze der Vanille,
die Säure des Rhabarbers
und die Milde der roten
Früchte sind eine
wunderbare Verbindung.

DIE GESCHICHTE DER GROSSEN ENGLISCHEN TEEHÄUSER

Lipton

Der Schotte Thomas Lipton wurde 1850 im schottischen Glasgow als Sohn irischer Immigranten geboren, die ihr Land 1848 während der großen Hungersnot verlassen hatten. Sein Fernweh war gewaltig, und so schiffte er sich nach Amerika ein. Einige Jahre später kehrte er mit ein paar Ersparnissen zu seinen Eltern nach Schottland zurück. Mit Hilfe der in Amerika erlernten neuen Handelspraktiken gründete er 1871 einen kleinen Lebensmittelhandel, und sein Geschäft in Glasgow war bald in aller Munde.

Er umging die Zwischenhändler und konnte daher zu günstigen Konditionen einkaufen. Dank attraktiver Preise nahm sein Kundenstamm stetig zu. Als Erster setzte er Plakatmänner ein und ließ seine Lieferwagen in Firmenfarben lackieren. 1891 besaß er bereits über 200 Geschäfte. Zu jener Zeit beschloss er, auf Ceylon Land zu kaufen, um *Camellia sinensis* zu pflanzen, da die dortigen Kaffeeplantagen von einem Pilz völlig vernichtet worden waren.

So wurde er Teeproduzent, -importeur und -händler und praktizierte die Direktvermarktung vom *teagarden* zum *teapot* – »von der Plantage direkt in die Teekanne«.

Der Tee wurde demokratisch. 1895 wurde Thomas Lipton offizieller Teelieferant der Königin Victoria – und drei Jahre später geadelt! Zudem war er der erste Händler, der Tee in Dosen verkaufte und Ratschläge für einen guten Aufguss gab.

Sir Thomas Lipton.

Die zweite Leidenschaft Liptons galt dem Segeln. Er gewann zwar keinen der fünf America's Cups, an denen er teilnahm, doch ihm war vor allem die Teilnahme und die Erwähnung seines Namens wichtig. Thomas Lipton starb 1931 als sehr reicher und in der ganzen Welt berühmter Mann.

Twinings

1706 eröffnete Thomas Twinings sein erstes Café, Tom's Coffee House; es lag außerhalb der Londoner City im Handelsviertel im Hafen. 1717 eröffnete er ein Handelskontor, den Golden Lyon, und widmete sich dort ausschließlich dem Verkauf von Kaffee und Tee. Zu Beginn des 18. Jahrhunderts eröffnete er schließlich das erste Geschäft, das nur Tee anbot.

Zudem erfand er Teeverkostungen in Tassen und verkaufte als Erster Tee in Beuteln zu jeweils 100 Gramm. Seine Devise »Tea and Sympathy!« wurde zum Slogan der noch heute weltweit berühmten Marke Twinings.

Fortnum and Mason

Diese Teemarke entstand, als sich William Fortnum und Hugh Mason 1705 in London kennen lernten. Zusammen gründeten sie einen Feinkosthandel mit dem Ziel, sämtlichen Wünschen der Aristokratie nachkommen zu können. Indem sie den Kurtisanen all das anboten, wonach deren Herz begehrte, verdienten sie ein Vermögen. Da der Tee am englischen Königshof äußerst beliebt war, nahm er natürlich einen wichtigen Platz in ihrer Handelsbilanz ein. Fortnum and Mason existiert bis heute.

Wer kennt nicht den edlen Teesalon mit dem zeitlosen hellgrünen Interieur?

Lord Grey

Lord Grey ist natürlich keine Teemarke. Man erzählt jedoch, dass er, der nicht nur von 1830–1834 englischer Premierminister, sondern auch begeisterter Teetrinker war, eines Tages, als er gerade sein Lieblingsgetränk genoss, eine Bergamotte geschenkt bekam. Da er nicht wusste, was er damit anfangen sollte, schnitt er schließlich eine Scheibe ab, ließ sie in seinen Tee fallen und fand die Mischung köstlich. So entstand eine der berühmtesten Teesorten der Welt.

DIE KUNST DES TEETRINKENS IN ENGLAND

Die Geschichte des Tees in England ist untrennbar mit der Kunst des Degustierens verbunden. Wichtig ist die Beachtung von teatime (Teezeit) und teabreak (Teepause). Ferner gehört eine teacosy (Teemütze) dazu, die natürlich einen teapot (Teekanne) wärmt. Nicht zu vergessen die scones, buns, pancakes und muffins, all diese süßen Gebäckstücke, die mit Orangenmarmelade bestrichen und den Tee zum Hochgenuss werden lassen.

Auch die englischen Teekannen sind ungeheuer vielfältig. Die Sheffield-Manufaktur ist bekannt für ihre Teekannen aus Silber, während die Porzellanmanufakturen Wedgwood und Leeds England zum Land der schönsten Teekannen Europas machten. So kreierten die Engländer auch als Erste

Fortnum & Mason™

ESTABLISHED 1707

Green-Teas

GREEN EARL GREY

A CLASSIC BLEND OF GREEN TEA
WITH OIL OF BERGAMOT

NET WEIGHT 125 g 4.4 oz

exzentrische Teekannen, die in den 1930er Jahren sehr beliebt waren und in den 1980er Jahren eine Renaissance erlebten. Manufakturen wie Tony Wood, Arthur Wood und Price of Kensington waren äußerst erfindungsreich und schufen Teekannen in der Form eines Cottagehäuschens, eines Huhns, eines Schweins, einer Katze und sogar eines Cabriolets. Diese Teekannen waren zwar nicht immer praktisch, erfreuen aber nach wie vor viele Sammlerherzen.

Auch heute noch trinkt man in England den ganzen Tag über Tee. Zum Frühstück bevorzugen die Engländer einen sehr vollmundigen, sehr schwarzen Tee, dem sie einen Hauch kalte Milch beimischen. Sie trinken nicht nur zu Hause und mit der Familie, sondern auch mit Freunden gerne Tee. Mit 2,8 Kilogramm pro Jahr und Einwohner führt England nach Irland die Rangliste europäischer Teekonsumenten an.

Als kleine Anekdote ein Auszug aus den politischen und literarischen Annalen des 5. Januar 1896, verfasst von Henri de Parville:

Eine englische Tageszeitung berichtet, dass sich die Engländer nicht mehr damit zufrieden geben, ihren »five o'clock tea« nur zu trinken, sie rauchen ihn jetzt auch. Offensichtlich scheint es sehr in Mode gekommen zu sein, grünen Tee in Form von Zigaretten zu rauchen! Zu den Anhängern dieses einzigartigen Zeitvertreibs gehören auch viele gebildete Frauen aus guter Gesellschaft. Zum Wasserdampf aus der Teekanne gesellt sich der blaue Dunst der Zigaretten und füllt den Salon mit einem zarten aromatischen Nebel ... so unterhält es sich noch besser, und man zieht mit ungeahnter Wollust über seine Mitmenschen her.

FRANKREICH

Zu Beginn des 17. Jahrhunderts hielt der Tee Einzug in Frankreich. Es wird gesagt, dass Kardinal Mazarin seine Gichtbeschwerden und seine Schmerzen linderte, indem er Tee trank. Natürlich war dieses Getränk allein dem Hof vorbehalten. Der Schriftsteller Scarron und Madame de Sévigné tranken im 17. Jahrhundert bereits regelmäßig Tee.

Auf Befehl des Sonnenkönigs Ludwig XIV. gründete sein Minister Colbert am 27. August 1664 die französische Ostindien-Kompanie mit dem Ziel, vom Kap der Guten Hoffnung aus den Indischen Ozean zu befahren und mit den Anrainerstaaten Verträge zu schließen.

Für fünfzig Jahre wurde ihm das Privileg des gesamten Handels für Frankreich zugestanden. So hieß es, mit den holländischen und englischen Schifffahrtsgesellschaften zu konkurrieren und gegen sie zu kämpfen. Über ein Jahrhundert lang lag das Tor zum Orient im Süden der Bretagne. Der immer noch instand gehaltene Quai des Indes, von dem die Schiffe ablegten, ist nach wie vor im Besitz der Stadt Lorient, die Sitz der Gesellschaft war. Nach einer langen und gefahrvollen Reise wurden an diesem Kai die Schiffsladungen gelöscht und Kisten mit Tee, Gewürzen, Porzellan, Seide und Stoffen an Land gebracht.

Nach Gründung der Ostindien-Kompanie heuerten Matrosen für eine mindestens zwölf Monate dauernde Reise auf den Dreimastern an. Der grüne Tee, den sie mitbrachten, wurde in Frankreich als Medizin angesehen und von Apothekern teuer gehandelt. Bei Hofe tranken ihn die Damen regelmäßig, darunter Madame de la Martinière, der man zweifelsfrei die Entdeckung des Genusses von Tee mit Milch verdankt. Aus Angst um ihr kostbares Porzellan kam sie auf die Idee, vor dem Servieren des kochend heißen Tees einige Tropfen kalte Milch in die Tassen zu gießen.

Die königlichen Porzellanmanufakturen von Sèvres und Vincennes boten prachtvolle Teeservice mit Teekannen, Tassen und Zuckerdosen an.

Im Lauf des 18. Jahrhunderts wuchs das Interesse der Franzosen am Tee. Abt Raynal erklärte das folgendermaßen: »Es ist nicht nur einer Laune zu verdanken, dass dieser Aufguss in Mode kam. Im gesamten Reich, vor allem in den tiefer gelegenen Provinzen, ist das Wasser brackig, übel riechend und gesundheitsschädlich. Von allen Mitteln, die dagegen ersonnen wurden, hat der Tee als Einziges einen durchschlagenden Erfolg.« ·

Während der Weltausstellung, die im Jahr 1900 in Paris stattfand, hatte der Stand, der Tee aus Ceylon feilbot, einen großen Erfolg. Exotisch und raffiniert ausgestattet, zog er die gesamte elegante Gesellschaft von Paris in seinen Bann. Jean Lorrain hat das beschrieben: »Im Salon hinter dem Pavillon Ceylons, einem kühlen und ruhigen Ort inmitten des Trocadéro, kann man im Schatten an kleinen Tischen Tee trinken und sich dabei am Anblick der lackierten Säulen und bunten Matten erfreuen. Muntere, hochgewachsene, schlanke Burschen mit bronzefarbener Haut in bestickten Jacken und schürzenartigen Röcken sowie mit befremdlich langen, zu Knoten aufgedrehten, schwarzen Haaren und wie Emaille glänzenden Augen sorgen dort zusammen mit frischen, rosigen Bardamen für den Service. Ein beliebter Treffpunkt der Eleganten und Neugierigen, die von dem weichen Gang und den samtigen Pupillen der Menschen aus Ceylon wie hypnotisiert scheinen.«

Seit Mitte des 19. Jahrhunderts wurden in Paris einige wenige Handelshäuser gegründet. Das Maison Mariage Frères eröffnete 1854 im Quartier du Marais die erste Teehandlung. Dieses Haus repräsentiert heute vielleicht mehr denn je die französische Art, Tee zu genießen und ist daher weltweit bekannt.

Im Verlauf des 20. Jahrhunderts wurden in Paris zwei weitere sehr schöne Teehäuser gegründet. Betjeman und Barton eröffneten nach ihrer Ankunft in Frankreich im Jahr 1919 The English Tea House im Quartier de la Madelaine (in diesem wunderschönen Salon wird die englische Art gelehrt, Tee zu genießen), und im darauf folgenden Jahr wurde im 17. Arrondissement das berühmte russische Teehaus Kousmichoff eröffnet. 1867 in Sankt Petersburg gegründet, siedelte das Teehaus zunächst 1917 nach London um und ließ sich 1920 schließlich in Paris nieder.

Seit der Gründung durch Pawel Michailowitsch Kousmichoff erhielt La Maison Kousmichoff zahl-

reiche Anerkennungen für die Qualität und Originalität seiner Teesorten. 1911 wurde es während der Weltausstellung in London ausgezeichnet und erhielt 1927 in Hamburg und Paris je eine Goldmedaille. Hier wird uns die russische Art gelehrt, Tee zu genießen.

Nach 1980 wurden weitere französische Teefirmen gegründet. 1986 öffnete im Quartier de Saint-Germain das Les Contes de thé. Inzwischen verkauft die Firma ihre Teekreationen sogar nach Japan und seit zehn Jahren nach Italien, Belgien, in die Schweiz und nach Portugal.

In jeder französischen Stadt gibt es inzwischen Geschäfte für Tee, und so kann man mittlerweile überall losen Tee in sehr guter Qualität erstehen. Die Franzosen trinken immer mehr Tee, mittlerweile beläuft sich der jährliche Verbrauch im Durchschnitt auf 275 Gramm pro Einwohner. Vor allem die aromatisierten grünen Teesorten erfreuen sich großer Beliebtheit. Überall sprießen neue Teesalons aus dem Boden, in denen loser Tee perfekt aufgegossen angeboten wird.

DER TEE
IN WEITEREN LÄNDERN

Anastasia
lemon
blossom
China and
scents
lime

Mélan
et de Ce
naturel
de citro

1867
KUSMI TEA
PARIS

RUSSLAND

1638 wurde am Hof des Zaren Michail Fjodoro-
witsch zum ersten Mal Tee getrunken. Der mongo-
lische Khan Altyn schickte dem Zaren eine Kiste
mit 65 Kilogramm Tee im Austausch für Zobelfelle.
Am Zarenhof war man nicht nur sehr erstaunt,
sondern zunächst auch erzürnt darüber. Der Khan,
der von dem Vorfall unterrichtet wurde, entsandte
sofort einen Teespezialisten nach Moskau, der am
Zarenhof die Zubereitung dieses wunderbaren
Getränks lehrte. Da der Zar diesen neuartigen Aufguss sehr angenehm für die Verdauung und zudem
schmackhaft fand, kam der Tee am russischen Zarenhof alsbald in Mode.

Natürlich war der Tee auch hier, wie überall in
Europa, als kostbare Rarität dem Königshof und dem
Hochadel vorbehalten. Letzterer trank ihn häufig als
Medizin gegen alle möglichen Unpässlichkeiten.

Ende des 17. Jahrhunderts entwickelte sich nach
und nach der Teehandel. Die Moskauer Händler
reisten immer öfter nach Peking, um die kostbaren
Blätter zu erstehen. Trotz der langen und gefähr-
lichen Reise voller Tücken galt der Teehandel als
sehr lukrativ. Im 18. Jahrhundert verlief die Tee-
straße von Peking nach Moskau durch die Wüste
Gobi; Berge mussten überwunden, Sümpfe, Step-
pen und Sibirien durchquert werden, bis endlich die
Wolga erreicht wurde.

Karawanen mit bis zu dreißig Kamelen brachten
die kostbare, in Ballen verpackte, rechts und links
an den Holzsätteln befestigte Ware nach Russland. Nach und nach wurden die Transportmittel
verbessert. Man sprach zwar weiter von Kara-

wanen, doch wurde der Tee mittlerweile auf von Ochsen und Pferden gezogenen Wagen befördert. Auch diese Transportmethode war zwar langsam, teuer und voller Gefahren, doch hatte der Transport auf dem Landweg den großen Vorteil, dass der Tee seine ursprüngliche Qualität behielt. Schiffe hingegen, die den Tee monatelang in feuchten Frachträumen nach Europa transportierten, konnten diese Qualität nicht garantieren. Manchmal verschimmelte der Tee während des Transports.

In jener Zeit wurde der Tee am russischen Zarenhof mehr und mehr zum Ritual. Der Zar und seine Familie tranken täglich um 17 Uhr Tee und aßen dazu kleines Gebäck und andere Leckereien. Der Tee blieb aufgrund seines Preises jedoch weiterhin allein der Oberschicht vorbehalten.

Zahlreiche Handelskontore und Salons öffneten zunächst in Moskau und später, als sich Peter der Große in Sankt Petersburg niederließ, auch dort.

Zu jener Zeit gab es in ganz Russland ein traditionelles heiß oder kalt getrunkenes, aus Wasser, Honig und regional unterschiedlichen Gewürzen zusammengesetztes Getränk, den *Sbiten*. Um das Getränk auch im Winter heiß servieren zu können, benutzten die Verkäufer mit kleinen Schläuchen versehene Wasserkessel, die auf die glühende Holzkohle gestellt wurden. Diese im Ural gefertigten *Sbiterniks* waren die Vorläufer des Samowars. Peter der Große hatte der Manufaktur Demidow das Privileg verliehen, in Suksun Eisenerz verarbeiten zu dürfen. Dort wurde 1730 der erste Samowar gefertigt. Kurz darauf wurde jedoch Tula aufgrund seiner

In Moskau trinkt man gerne starken, bitteren Tee. Um die Bitterkeit zu mildern, fügt man Konfitüre, Zitrone oder sogar Sahne hinzu.

Nähe zu Moskau das Zentrum der Samowar-Herstellung. Die Nachfrage in Russland war so groß, dass 1850 bereits mehr als 28 Samowar-Manufakturen existierten, die jährlich 120 000 Stück herstellten.

Die Brüder Bataschew galten damals als die Könige des Samowars, denn sie belieferten nicht nur den Zarenhof, sondern auch den spanischen Königshof. Ihre Samoware waren regelrechte Kunstwerke und daher sehr teuer. Häufig waren sie mit Silber oder Gold verziert und wurden in Form der Kaiserinsignien, einer Kugel, eines Fasses oder sogar in Form einer Birne gefertigt. Der Einfallsreichtum kannte jedenfalls keine Grenzen.

Die russische Art, Tee zu genießen, ist charakteristisch und einzigartig. In einer kleinen Teekanne wird sehr konzentrierter Tee aufgebrüht. Dieser wird anschließend auf dem Samowar warm gehalten. Zum Servieren wird etwas von diesem »Teelikör« in Gläser gegossen und mit heißem Wasser aus dem Samowar aufgegossen. Im asiatischen Teil Russlands bevorzugte man dafür unfermentierten grünen Tee, während man im europäischen Teil lieber schwarzen Tee trank.

In Moskau liebte man den sehr starken, bitteren Tee. Um seine Bitterkeit zu mildern, machte man es sich zur Gewohnheit, dem Tee Konfitüre, Zitrone oder Sahne zuzufügen. Zucker wurde nicht in die Tasse gegeben sondern in den Mund genommen, um den Tee durch das Zuckerstück hindurch genießen zu können.

Es dauerte bis ins 19. Jahrhundert, bis der Tee in ganz Russland den *Sbiten* ersetzte. Der Hofstaat des Zaren lebte in Sankt Petersburg, daher entstanden dort zahlreiche Teekontore. 1867 eröffnete Pawel Michailowitsch Kousmichoff hier sein erstes Geschäft und stieg sehr schnell zum königlichen Teelieferanten auf. Die Qualität seines Tees und die Vielfalt seiner Mischungen sorgten für seinen exzellenten Ruf. 1880 erfand er die Mischung »Blumenbouquet«, die der Zar besonders schätzte, einen schwarzen Tee mit Bergamotte, Zitrusfrüchten und Blüten. Zudem komponierte er klassische und ursprüngliche Teemischungen für alle Gelegenheiten. Der »Morgentee« war eine gelungene Mischung von Schwarztees aus China, Ceylon und Indien, der »Abendtee« eine Mischung von Schwarztees aus Indien und China mit einem geringen Koffeingehalt. Schließlich kreierte er einen »russischen Geschmack«: »Prinz Wladimir«. Dieser schwarze Tee besaß ein zartes Aroma aus einer Mischung von Zitrusfrüchten, Vanille und Gewürzen. Andere Mischungen folgten, darunter »Anastasia«, »Troika« usw.

Als Zar Nikolaus II. an die Macht kam, besaß die Familie Kousmichoff nicht nur 15 russische Teekontore, sondern sie hatte auch einen exzellenten Ruf. Nach der Flucht vor der Revolution im Jahr 1920 ließ sie sich in Paris nieder, wo es bis heute eine weltweit bekannte Teehandlung mit ihrem Namen gibt.

Teesorten mit »russischem Geschmack« begeistern uns noch heute. Sie laden zum Träumen und imaginären Reisen ein und verzaubern uns allein schon

Russische Teedosen.

durch ihre Namen: »Douchka«, »Anuschka«, »Baikal«, »Sankt Petersburg«, »Zar Alexander« oder »Ein Tee auf der Wolga«!

Eine kleine Anekdote am Rande: Seit Beginn des 19. Jahrhunderts, jener glorreichen Epoche, in der der Tee alle Gesellschaftsschichten erreichte, lautet das russische Wort für »Trinkgeld« *na tchai,* was »für den Tee« bedeutet.

AFGHANISTAN

Afghanistan war eine Etappe auf der Seidenstraße. Tee wurde dort in riesigen Zelten unter freiem Himmel serviert und lockte so Pilger und Karawanen an. Diese *Tchaikhana* genannten Teezelte waren sehr belebt. Musiker und Sänger traten auf, Händler besprachen Geschäftliches, Nomaden unterhielten sich und genossen nach einem langen Marsch eine kleine Unterbrechung.

Der Tee wurde in blauen oder roten, aus Russland importierten Teekannen der Firma Risner serviert. Nach und nach entwickelten sich in Afghanistan kleine Industriebetriebe, in denen ähnliche Teekannen hergestellt wurden.

Noch immer reichen die Nomaden Tee als Geschenk und Zeichen der Gastfreundschaft. Ihn abzulehnen kommt daher einem Sakrileg gleich.

MAROKKO

Zwischen 1854 und 1856 entzweite der Krimkrieg Frankreich, England und Russland. Englische Schiffe wurden in der Meerenge von Gibraltar aufgehalten, jenem strategisch wichtigen Ort im Süden Spaniens, in unmittelbarer Nähe zur marokkanischen Küste. Die Engländer boten dem Sultan und seinem Hofstaat ihre Handelswaren an, darunter auch Kisten mit Tee.

Die Marokkaner, die gewöhnlich den ganzen Tag über Aufgüsse aus frischen Pfefferminzblättern tranken, mischten von nun an ihrem Lieblingsgetränk einige Blätter grünen Tee bei und fanden die Mischung köstlich.

Nach 1856 unterschrieb Marokko mit den europäischen Mächten erste Handelsverträge.

Heute gehören die Marokkaner zu den Völkern mit dem höchsten Pro-Kopf-Verbrauch, was den grünen Tee Gunpowder betrifft; durchschnittlich konsumiert jeder Einwohner jährlich 3 Kilogramm.

Überall in Marokko, in den großen Städten wie auf dem Land, wird man mit einer Tasse oder einem Glas Tee willkommen geheißen, dabei ist diese Teezeremonie von der Gesellschaftsschicht unabhängig. Wird man in einer gutbürgerlichen Familie zum Tee eingeladen, so wird ein Tablett gereicht, auf dem sich die Teegläser, eine oder zwei kleine silberne Teekannen und ein großer Metallbecher befinden. Anschließend wird ein zweites versilbertes Tablett gebracht, auf dem eine Zuckerdose, ein Zuckerhut, ein kleiner Kupferhammer, eine Schale mit frischer Minze und eine kleine Dose mit dem berühmten Gunpowder stehen, einer zu Kugeln gerollten grünen Teesorte. Hat man im Winter keine frische Minze, raucht man stattdessen eine Wasserpfeife oder trinkt frischen Absinth dazu.

In Marokko wird erst seit Ende des 19. Jahrhunderts Tee getrunken.

Auf beiden Tabletts liegen hübsch gestickte Deckchen aus durchsichtigem Musselin. Die Gastgeberin reicht dem Gast zunächst eine kleine Schale Orangenblütenwasser, um sich die Hände zu erfrischen oder um später damit den Tee zu aromatisieren, wenn man dies mag. Die Zeremonie kann beginnen. Zunächst wird die Teekanne mit kochendem Wasser ausgespült. Anschließend gibt man den Tee und großzügig Minzeblätter in die Kanne, wobei die bitteren Stiele vorher sorgfältig entfernt werden. Danach wird ein Glas Wasser über diese Mischung gegossen. Die Kanne wird geschwenkt und der Tee in den großen Metallbecher umgegossen. Anschließend wird mit dem Kupferhämmerchen ein Stück Zucker abgeschlagen und in die Teekanne gegeben. Danach wird aus der kleinen Kanne das heiße Wasser darübergegossen, und der Tee darf vier Minuten ziehen. Beim anschließenden Eingießen in die kleinen Gläser wird die Kanne sehr hoch gehalten, um so dem aufgekochten Wasser möglichst viel Sauerstoff zuzufügen. Auf diese Weise ist der Tee leichter verdaulich.

Auf dem Land wird der Tee einfacher zubereitet: Eine emaillierte Teekanne wird direkt auf die Kohlen gestellt, um das Wasser mit dem Tee, den Minzeblättern und dem Zucker zu erhitzen. Der anschließende Aufguss schmeckt deutlich intensiver. Je weiter man in den Süden Marokkos vordringt, desto stärker wird der Tee getrunken.

In Marokko wird das Anbieten eines Tees als Geschenk angesehen.

In Marokko werden manchmal Pinienkerne in den Tee gegeben.

Im Pandschab im
Norden Indiens wird der
Tee mit Milch gekocht und
manchmal mit Pfeffer
und Chili gewürzt.

DIE VEREINIGTEN STAATEN
VON AMERIKA

Die ersten europäischen, überwiegend aus England und Irland kommenden Siedler ließen sich zunächst an der Ostküste Nordamerikas nieder. Natürlich sicherte sich England das Handelsmonopol und organisierte den Nachschub.

Auch wenn die Kolonien protestierten, beschloss der englische König, dessen Staatskassen leer waren, die Teesteuer zu erhöhen. Die allgemeine Unzufriedenheit gipfelte in einer Revolte gegen die englische Tyrannei. Am 16. Dezember 1773 warfen die Aufständischen im Hafen von Boston über 300 Teekisten ins Meer, die gesamte Lieferung dreier großer Segelschiffe, die dort vor Anker lagen. Dieser Tag ging als die *Boston Tea Party* in die Geschichte ein und gilt als erster Schritt auf dem Weg in die Unabhängigkeit der Vereinigten Staaten.

Im Lauf des 19. Jahrhunderts konstruierten die Amerikaner Clipper, die der Neuen Welt Tee und Gewürze brachten. Heute trinkt dort jeder Einwohner durchschnittlich 600 Gramm Tee pro Jahr. Der Verbrauch steigt allerdings stetig.

Die Amerikaner waren zweifelsohne die Ersten, die den so beliebten Eistee zubereiteten. Zudem lieben sie aromatisierte Tees sowie Tees und Aufgüsse, die gut für die Gesundheit sind. So feiert der Rooibostee, der rote Tee Südafrikas, dort große Erfolge.

Für die Zubereitung eines Eistees gibt man 10 Gramm Tee nach eigener Wahl (schwarzen oder grünen, aromatisierten oder klassischen) in eine Karaffe und gießt einen Liter kaltes Wasser darüber. Diese Mischung sollte eine Nacht im Kühlschrank ziehen. Zum Servieren einfach den Tee durch ein Sieb in hübsche Gläser gießen und mit Obstscheiben verzieren.

TEE IM WANDEL DER ZEITEN

Fünftausend Jahre Geschichte! Abgesehen vom Wasser ist heute Tee das am meisten getrunkene Getränk weltweit. Fast alle Geheimnisse, die den Anbau und die Herstellung betreffen und bis zum 19. Jahrhundert chinesisches Monopol waren, sind heute bekannt. Labore in aller Welt untersuchen seine positiven Auswirkungen auf unsere Gesundheit.

Tee ist seit jeher und sicher auch in Zukunft immer wieder eine Entdeckung, eine Reise und etwas, das man gerne mit jemand anderem teilt.

Nichts ist schöner, als bei der Zubereitung eines Tees die Entfaltung der Blätter zu beobachten und zuzusehen, wie sich die Farbe des Aufgusses verändert, bevor man die Tasse Tee schließlich an die Lippen führt, die Augen schließt und das volle Aroma genießt.

Der Teegeschmack hat sich im Lauf der Zeit gewandelt. Wir importieren heute Hunderte verschiedener Teesorten unterschiedlicher Qualität aus verschiedenen Herkunftsländern. Wir kreieren immer ausgefallenere und immer anspruchsvollere aromatisierte Teemischungen. Bis vor gut zehn Jahren gab es in der Regel in unseren Teehandlungen lediglich klassische Teesorten zu kaufen. Bis auf Gunpowder gab es keine grünen Tees und schon gar keine weißen Teesorten. Aromatisierte Tees waren selten und stets auf der Grundlage klassischer Schwarztees gemacht. Zu Beginn der 1980er Jahre waren mit Apfel, Mango und Brombeere aromatisierte Schwarztees bei uns sehr beliebt. Heute gibt es bei uns aromatisierte Tees mit fantasievollen Namen auf der Grundlage völlig verschiedener Teesorten.

Teegenießer sind anspruchsvoller geworden, und dies ist keine Modeerscheinung, wie man uns häufig weismachen will. In Europa steigt der Teeumsatz jährlich an. Tee ist sehr gesundheitsförderlich. Unsere Lebenserwartung nimmt immer weiter zu und damit auch unser Streben, Produkte zu konsumieren, die uns gut tun. Eine Geisteshaltung, zu der Tee wunderbar passt.

ZWEITER TEIL

DER GESCHMACK
DES TEES

DIE TEEHERSTELLUNG

DER TEESTRAUCH

Man unterscheidet zwei Arten von Teesträuchern.

Die *Camellia sinensis* ist ein sehr kälteresistenter Strauch mit immergrünen, etwa 2 bis 7 cm langen Blättern. Er gedeiht auch in großen Höhen und kann über 100 Jahre alt werden.

Aus ihm lässt sich ein milder, blumiger und nuancenreicher Tee gewinnen.

In den Bergen findet die Ernte zwischen Mai und Oktober statt. Geerntet wird drei bis acht Mal pro Jahr; zwischen den Ernten ist jeweils eine Pause von zwei bis drei Wochen nötig.

Heute wird *Camellia sinensis* auch in Indien, Sri Lanka, Japan und in anderen Tee produzierenden Ländern angebaut.

Die *Camellia assamica* wurde im 19. Jahrhundert beinahe zufällig in der indischen Region Assam in Indien entdeckt. Dieser Teestrauch braucht ein milderes Klima und wächst bevorzugt in der Ebene.

Die Blätter sind länger, glänzend, dicker und ledrig. Der daraus gewonnene Tee ist vollmundiger und stärker, sein Aufguss dunkler. Allerdings wird der Teestrauch *assamica* nur etwa 50 Jahre alt, ist aber deutlich ertragreicher. In den Ebenen wird acht Monate geerntet, was mehr als 30 Ernten pro Jahr bedeutet. Dieser Teestrauch wird heute in allen tiefer gelegenen Gebieten Tee produzierender Länder angebaut.

Der Geschmack, das Aroma und die charakteristischen Eigenschaften eines Tees werden von folgenden Faktoren bestimmt:
– Pflanzenvarietät (*sinensis* oder *assamica*)
– Wachstumsbedingungen (Herkunftsland, Höhenlage oder Ebene)
– Art der Ernte (Knospen, erste Blätter usw.)
– Weiterverarbeitung (fermentiert oder unfermentiert).
Natürlich spielen bis zum Genuss einer Tasse Tee noch weitere Faktoren eine Rolle: die Qualität des Wassers, die Dauer des Ziehens, die Temperatur, die Wahl der Teekanne.

Getrocknete Teeblätter vor der Verpackung.

DIE ERNTE

Tee gedeiht in tropischem oder subtropischem Klima. Der Teestrauch ist eine robuste, frostresistente Pflanze, die jedoch warmes, feuchtes Klima liebt.

Wird Tee in der Höhe angebaut, kann der Neigungswinkel der Hänge bis zu 45 Grad betragen, was eine Ernte von Hand nötig macht. Diese langwierige und mühevolle Ernteweise erfordert große Fingerfertigkeit und Schnelligkeit und wird in der Regel von Frauen ausgeführt. Die Teesträucher werden deshalb auf eine maximale Höhe von 1,20 Meter gestutzt. Die Pflückerinnen ernten vom Sonnenaufgang an die kostbaren Blätter. Sie tragen Weidenkörbe auf dem Rücken, die sie nach und nach mit den gepflückten Knospen oder Blättern füllen. Ihr Tageslohn ist abhängig vom Gewicht ihrer Ernte.
Aus 30 Kilogramm gepflückten Blättern lassen sich 7 Kilogramm Tee herstellen. Die Ernte des Tees in großen Höhen erstreckt sich über sechs Monate. Die restliche Zeit des Jahres wird der Teegarten von den Männern gepflegt.

In der Ebene wird der Tee manuell oder halbmanuell geerntet. Zudem sind die Ernteabstände geringer. Über einen Zeitraum von fast zwölf Monaten wird etwa alle acht Tage geerntet (30 Ernten pro Jahr). Man unterscheidet vier Erntetypen:

DIE KAISERLICHE ERNTE

Bei dieser ursprünglich chinesischen Ernteweise werden nur die Blattknospen gepflückt, die früher allein dem Kaiser und seinem Hofstaat vorbehalten waren. Jungfrauen mit weißen Handschuhen ernteten einst das kostbare Gut mit goldenen Scheren. Auf diese Weise wird beispielsweise der berühmte weiße Tee gemacht.

DIE FEINE ERNTE

Dies ist die häufigste Ernteform, bei der die Blattknospe und die beiden ersten jungen Blättchen geerntet werden.

DIE KLASSISCHE BZW. HALBMANUELLE ERNTE

Auch hier werden die Knospe und die ersten beiden Blätter geerntet, jedoch nicht so sorgfältig und selektiv wie von Hand. Hier werden häufig kleine Zweige und manchmal auch drei bis vier Blätter mit abgeschnitten.

DIE GROBE ERNTE

Mit Maschinen werden die obersten fünf bis sechs Blätter abgeschnitten. Hier spielt allein die Rentabilität eine Rolle. Natürlich sind die geernteten Blätter nicht so schön. Sie sind größer, nicht so zart und haben deutlich weniger Geschmack und Aromastoffe.

Aus all dem wird deutlich, dass die Ernteform für den Geschmack des Tees eine entscheidende Rolle spielt.

DIE WEITER-VERARBEITUNG DES TEES

Das heiße und feuchte Klima bei der Ernte erfordert eine möglichst schnelle Weiterverarbeitung der Blätter. Die Teemanufakturen befinden sich daher inmitten der Plantagen.

Die wertvollen Blätter werden in großen Körben angeliefert. Nach dem Wiegen werden sie sofort auf Matten ausgebreitet, damit die Verarbeitung beginnen kann.

Je nach Herkunftsland erfolgt dieser Vorgang manuell oder mechanisch.

In China ernten die kleinen Teeproduzenten die wertvollen Blätter morgens und beginnen nachmittags mit der Weiterverarbeitung. In Japan ist die gesamte Herstellung des grünen Tees bereits mechanisiert.

Folgende Teesorten werden schon bei der Herstellung unterschieden:
– weißer Tee,
– grüner Tee,
– gelber Tee,
– blaugrüner Tee,
– schwarzer Tee,
– roter Tee (halb fermentiert),
– Rauchtee.

All diese »Farben« lassen sich von ein und demselben Teestrauch herstellen, denn lediglich die Ernte und die Weiterverarbeitung bestimmen die Teefarbe.

CHINESISCHER WEISSER TEE

(Seit kurzem wird auch in Indien in geringem Umfang weißer Tee produziert.)

Ernte: Die ersten Austriebe bzw. Blattknospen (*Yin zhen*) oder die Knospen und die beiden ersten Blätter (*Pai mu tan*) werden nur im Frühjahr geerntet.
Herstellung: Die Knospen werden auf Bambushürden ausgebreitet und zwei bis drei Tage im Schatten gelagert. So welken die Blätter auf natürliche Weise und bekommen durch die langsame und leichte Oxydation eine weißgraue Farbe. Nach kurzem Trocknen in der Sonne kann der Tee zubereitet und getrunken werden.

CHINESISCHER UND JAPANISCHER GRÜNER TEE

(In Indien wird dieser Tee nur selten produziert; in der Region Darjeeling beginnt man gerade damit.)

Ernte: Blattknospe und die zwei ersten Blätter.
Herstellung: Im Gegensatz zum Schwarztee wird grüner Tee nicht fermentiert. Er oxydiert also nicht, ist sehr reich an Vitamin C und wirkt stimulierend. Zunächst lässt man die Blätter welken, bevor sie stark erhitzt werden, um die Enzyme zu zerstören und so die Fermentation zu verhindern. Anschließend werden sie in Form gebracht und getrocknet.

Verarbeitung der Blätter in China

In China gibt es drei unterschiedliche Methoden, die Blätter zu formen, wodurch drei völlig unterschiedliche grüne Teesorten entstehen: Gunpowder, Long Ching und Chun Mee. Getrocknet werden die Blätter mit Hilfe trockener Hitze.
• Gunpowder (»Schießpulver«): Die Blätter werden in geheizten Metallbecken per Hand zu Kügelchen gerollt.
• Long Ching (»Drachenbrunnen«): Die Blätter werden in Längsrichtung gepresst.
• Chun Mee (»Augenbraue eines alten Mannes«): Die Blätter werden in Längsrichtung gerollt.

Verarbeitung der Blätter in Japan

Im Gegensatz zu China werden in Japan die Blätter in feuchter Hitze weiterverarbeitet und dazu in Körben über Wasserdampf gehängt. So behält der Tee seine dunkelgrüne Farbe.
• Sencha: Die Blätter werden wie beim chinesischen Long Ching in Längsrichtung gepresst, die Blattfarbe ist allerdings viel dunkler.

GELBER TEE

Dieser sehr seltene Tee wird nur in China hergestellt und ähnelt dem grünen Tee.

Ernte: Blattknospen und die ersten beiden Blätter.
Herstellung: Man beginnt wie beim chinesischen grünen Tee, doch die Behälter werden mit einem Strohdeckel abgedeckt, und man lässt die Blätter einen Tag im Dunkeln ruhen. So erreichen

Tee-Ernte auf Ceylon (Sri Lanka).

sie den ersten Grad der Fermentation. Danach werden die Blätter der Länge nach gerollt und getrocknet.

BLAUGRÜNER ODER HALB FERMENTIERTER TEE (OOLONG)

Dieser Tee wird hauptsächlich in China und auf Taiwan hergestellt.

Ernte: Die Blätter bleiben ganz.
Herstellung: Ähnlich wie beim grünen Tee; allerdings werden die Blätter nach dem Welken unterschiedlich lange in eine Fermentationskammer gegeben und dann je nach Wahl zur Hälfte, zu einem Drittel oder zu zwei Dritteln fermentiert. Der Geschmack ist vollmundig und variiert je nach Sorte.

SCHWARZTEE

Dieser Tee wird in fast allen Tee kultivierenden Ländern produziert (China, Indien, Sri Lanka, Kenia, Türkei), nicht jedoch in Japan.

Ernte: Blattknospe und die ersten Blätter.
Herstellung: Sechs Schritte sind nötig:
– Welken der Blätter.
– Rollen.
– Fermentation (2–3 Stunden).
Die Blätter oxidieren in Fermentationskammern mit feuchter, konstant auf 27 °C gehaltener Luft, die natürlich nicht zirkuliert, und nehmen dadurch eine schwarze Farbe an.

– Trocknen: Die Blätter werden 20 Minuten lang auf 90–95 °C erhitzt.

– Gradieren: Die Blätter werden zerschnitten, zerrieben oder im Ganzen belassen. Hier entsteht der »Blattgrad«, der Preis und Geschmack bestimmt.

– Sieben: Das Trennen von Blättern (»Leaf« oder »Broken«), grobem Pulver (»Fanning«) und feinem Pulver (»Dust«).

Pulverisierte Blätter werden hauptsächlich zur Herstellung von Teebeuteln verwendet.

NACHFERMENTIERTER SCHWARZTEE

Dieser Pu-Erh genannte Tee wird ausschließlich in der chinesischen Provinz Yunnan hergestellt.

Ernte und Herstellung: identisch mit der des klassischen Schwarztees.

Herstellung: Die Blätter werden anschließend befeuchtet und im Dunklen (Höhlen oder Kellern) gelagert und erhalten dadurch einen ganz eigenen erdigen Geschmack. Pu-Erh ist der einzige Tee mit Jahrgangsbezeichnung. Es gibt jahrhundertealte Tees, die enorm hohe Preise erzielen.

SCHWARZER RAUCHTEE

Ein Tee, der ausschließlich in China und auf Taiwan produziert wird.

Ernte und Herstellung: identisch mit der des klassischen Schwarztees. Allerdings werden die Blätter anschließend auf heißen Eisenplatten kurz geröstet.

Danach werden sie auf Bambushürden ausgebreitet und über einem Holzfeuer (meist aus frischen, harzigen Nadelhölzern) geräuchert.

Das Räuchern dauert unterschiedlich lange. Für einen leicht geräucherten Tee – den Kaiser- oder Weißspitzentee – ist nur eine kurze Räucherdauer nötig, der etwas stärkere Lapsang Souchong wird länger geräuchert. Das Räuchern des starken Tarry Souchong Rauchtees dauert doppelt so lange.

DIE KLASSIFIZIERUNG DES TEES

Die Namen mancher Teesorten werden durch den Blattgrad spezifiziert. Dieser weist auf den Erntetypus und die Blattgröße nach der Herstellung hin.

Es werden drei Blattgrößen unterschieden:

– zerriebene Blätter: »fanning« und »dust«,

– gebrochene Blätter: »broken«,

– ganze Blätter: »leaf«.

Grüne Teesorten werden nach der Formgebung der Blätter unterschieden:

– gerollte Blätter: Gunpowder,

– gedrehte Blätter: Chun Mee,

– gepresste Blätter: Natural Leaf, Lung Ching und Sencha,

– pulverisierte Blätter: Matcha.

Schwarztees werden in vier verschiedene Familien (Grade) unterteilt.

F. O. P. (Flowery Orange Pekoe)

Die Blätter werden als Blattknospen mit zwei flaumigen Blättchen jung geerntet. Nach der Fermentation verfärbt sich die Knospe goldgelb, die Blätter schwarz.

Dieser qualitativ hochwertige Typ wird weiter unterschieden in:
– G. F. O. P (Golden Flowery Orange Pekoe), also ein F. O. P. mit besonders vielen goldgelb gefärbten Knospen,
– T. G. F. O. P. (Tippy Golden Flowery Orange Pekoe), ein nur aus goldenen Blattspitzen bestehender F. O. P.,
– F. T. G. F. O. P. (Finest Tippy Golden Flowery Orange Pekoe), ein nur aus goldenen Blattspitzen erster Qualität bestehender F. O. P.,
– S. F. T. G. F. O. P. (Special Finest Tippy Golden Flowery Orange Pekoe), ein F. O. P. aus goldgelben Knospenspitzen allerbester Qualität.

O. P. (Orange Pekoe)

Die Blätter sind sehr reif. Und das erste Blatt der Blattknospe ist entfaltet. Der Tee besteht nur aus schwarzen Blättern. Die chinesischen Orange-Pekoe-Tees haben kleinere Blätter und heißen Congou.

Souchong

Großblättrige Teesorten mit in Längsrichtung gerollten Blättern, die der Herstellung des Rauchtees vorbehalten sind.

Pekoe

Bezeichnung für die nächstniedere Blattqualität nach O. P. Die Spitze wird mit den nächsten drei Blättern abwärts geerntet und zusammengerollt. Werden die Blätter sorgfältig gepflückt und ausgewählt, wird der Tee als nächsthöhere Güteklasse mit F. P. (Flowery Pekoe) bezeichnet.

Diese aus ganzen Blättern bestehenden Teesorten haben ihre Entsprechungen unter jenen mit gebrochenen Blättern:
– B. P. (Broken Pekoe),
– B. O. P. (Broken Orange Pekoe),
– B. T. O. P. (Broken Tippy Orange Pekoe),
– F. B. O. P. (Flowery Broken Orange Pekoe),
– G. F. B. O. P. (Golden Flowery Broken Orange Pekoe).

Die Blätter können auch zerrieben werden, dann werden sie unterteilt in:
– Fanning,
– Dust.

All diese Blattgrößen und Beschaffenheiten haben natürlich einen Einfluss auf den Geschmack, jedoch nicht unbedingt auf die Qualität.

DIE VIELFALT DES TEES

INDIEN

Mit 900 000 Tonnen pro Jahr ist Indien heute der weltweit größte Teeproduzent. Drei große Regionen werden als Anbaugebiete unterschieden und bestimmen den Geschmack des Tees:
– die Region Assam (*Camellia assamica*),
– die Region Darjeeling (*Camellia sinensis*),
– die Region Nilgiri (*Camellia assamica*).
Im Süden Indien gibt es weitere kleine Anbaugebiete, darunter die Region Annamalais.
Indien produziert fast ausschließlich schwarzen Tee. Seit einigen Jahren wird auch etwas halb fermentierter grüner und weißer Tee produziert, allerdings spielen diese Tees nur eine sehr untergeordnete Rolle.

Hier zwei Teesorten des größten Anbaugebietes in Indien, der Region Assam.

Assam G. F. B. O. P. Raidang

Ein Schwarztee aus gebrochenen Blättern, die zum Teil goldene Spitzen haben. Dieser Tee wird im Bezirk Tinsikia in großer Höhe angebaut.

Der Geschmack ist ausdrucksstark und malzig, die Farbe in der Tasse dunkelorange. Ein idealer Tee zum Frühstück. Einige vertreten den Standpunkt, dass der charakteristische Geschmack eines guten Assam durch ein paar Tropfen Milch noch gewinnt.

Wassertemperatur: 85 °C;
4–5 Minuten ziehen lassen.

Assam F. T. G. F. O. P. Mangalam

Ein Schwarztee mit sehr schönen ganzen, langen, regelmäßigen Blättern und vielen goldfarbenen Spitzen. Er wird im Herzen der Assam-Region angebaut. Die Anbaufläche ist nicht sehr groß, der Tee daher besonders kostbar. Sein Geschmack ist kräftig und würzig, die Farbe in der Tasse intensiv orange. Auch er schmeckt sehr gut zum Frühstück, vorzugsweise pur: Seine feinen Spitzen verleihen ihm einen frischen Geschmack, der von der Milch zerstört würde.

Wassertemperatur: 85 °C;
4 Minuten ziehen lassen.

Die nächsten Teesorten stammen aus der schönen Region Darjeeling, die 85 Plantagen auf 1800 Meter Höhe umfasst. Diese Tees werden aufgrund ihres einzigartigen Geschmacks auch als »Champagner der Tees« bezeichnet. Die in dieser Region gepflanzten Teesträucher sind ausnahmslos *Camellia sinensis*.

Darjeeling F. O. P.

Ein Schwarztee aus gleichmäßigen, ganzen Blättern, die von verschiedenen Plantagen gewonnen werden. Sein Geschmack ist weich und vollmundig und seine Qualität stets gleichbleibend. Er schmeckt nach reifen Früchten, und seine Farbe in der Tasse ist ein helles Orange. Dank seines milden Aromas kann dieser Tee den ganzen Tag über getrunken werden, vorzugsweise pur.

Wassertemperatur: 85 °C;
4 Minuten ziehen lassen.

Darjeeling T. G. F. O. P. Puttabong

Ein Schwarztee aus ganzen, sehr gleichmäßigen, großen Blättern, darunter auch goldene Spitzen. Er stammt von der 1848 gegründeten Plantage Puttabong, die internationales Renommee besitzt. Die ersten Pflanzen stammen sicherlich von Robert Fortune, der sie von seinen Reisen durch China mitbrachte.

Die Farbe in der Tasse ist hellorange; der Geschmack ist mild und leicht nussig, daher also ein wunderbarer Tee für den ganzen Tag, der möglichst pur getrunken werden sollte.

Wassertemperatur: 85 °C;
4 Minuten ziehen lassen.

Darjeeling F. T. G. F. O. P. Castelton

Ein Schwarztee, durchzogen von langem, goldenem, feinem »Flaum« und regelmäßigen Blättern. Er stammt von der sicherlich renommiertesten Plantage des Darjeeling, die so hoch liegt, dass man von dort die Gipfel des Himalaya sehen kann. Dieser Tee besitzt einen exquisiten Geschmack mit dem milden Aroma eines Muskatellers, das sich in der Tasse sofort entfaltet. Einige Importeure reservieren die Ernte sogar ein Jahr im voraus. Ein selbstverständlich pur zu trinkender Tee für den ganzen Tag.

Wassertemperatur: 85 °C;
4 Minuten ziehen lassen.

Grüner Darjeeling Arya

Einer der wenigen grünen Tees aus Indien, wo dieser Tee traditionell nicht produziert wird. Da jedoch grüner Tee aufgrund seiner gesundheitsförderlichen Aspekte bei den Verbrauchern immer beliebter wird, haben einige Plantagen vor kurzem mit seiner Herstellung begonnen. Diesen wunderbaren Tee verdanken wir einem besonders erfinderischen und talentierten Teemeister der Arya-Plantage, der ein System zum Erhitzen und Trocknen entwickelt hat, das die Oxydation der Teeblätter verhindert. Dieser Tee ist vor allem geschmacklich sehr interessant, da er weder mit chinesischen noch mit japanischen grünen Tees zu vergleichen ist. Vielmehr besitzt er eine eigene Persönlichkeit und Identität. Seine ganzen, regelmäßigen Blätter verleihen ihm einen sehr frischen und für einen grünen Tee unglaublich milden Geschmack. Seine Farbe in der Tasse ist strohgelb. Er wird pur von morgens bis in den späten Nachmittag hinein getrunken und ist wahrlich eine Entdeckung!

Wassertemperatur: 70 °C;
3 Minuten ziehen lassen.

Darjeeling Oolong Arya

Ein blaugrüner beziehungsweise halb fermentierter Tee, der ebenfalls aus den Arya-Gärten stammt, in denen besonders umweltschonend gearbeitet wird. In Indien ist dieser halb fermentierte Tee eine absolute Ausnahme. Seine Farbe in der Tasse ist sehr klar und hell. Er besitzt besonders wenig Koffein und kann daher den ganzen Tag über bis in den Abend hinein getrunken werden. Zudem besitzt er den vollmundigen Geschmack reifer Früchte. Eine Rarität. Warum also nicht einmal probieren?

Wassertemperatur: 85 °C;
5–7 Minuten ziehen lassen.

Darjeeling First Flush Makaibari

Ein wunderbarer Schwarztee! Man muss sich gedulden können, denn die Ernte dieses Tees beginnt in Darjeeling erst Ende März. Die ersten Ernten sind dank der Qualität und des guten Rufs der Plantage bereits im Voraus für Importeure aus aller Welt reserviert; vor allem in Europa gibt es einen regelrechten Wettkampf um die Erstauslieferung.

Die Makaibari-Teegärten des Darjeeling sind hoch gelegen und nach Süden ausgerichtet. Die ersten Knospen und Blätter des Jahres werden mit Liebe und Sorgfalt geerntet, da Bewertung und geschmackliche Qualität davon abhängen.

Seine Farbe in der Tasse ist sehr klar, und der charakteristische Geschmack nicht sehr reifer Früchte dominiert – lebhaft, fein und spritzig. Ein Geschmack nach bitteren Mandeln klingt nach.

Wassertemperatur: 85 °C;
3 Minuten ziehen lassen.

Anmerkung:

Derart feine Darjeeling-Tees sollten ohne Milch, ohne Zucker und ohne Zitrone getrunken werden, um die ganze Bandbreite der subtilen Nuancen genießen zu können.

Bei den »Blends« (Mischungen) erweist sich gelegentlich ein Stückchen Orangenschale als sehr günstig bei der Verkostung.

Nilgiri (Blend)

Ein Schwarztee aus der im Süden Indiens gelegenen Region gleichen Namens.

Seine Farbe in der Tasse ist dunkel, sein Geschmack kräftig aromatisch und erinnert an einige
Ceylon-Tees. Übrigens wird er häufig für hochwertige Breakfast-Teemischungen verwendet und
wird vorzugsweise morgens getrunken. Er verträgt
einige Tropfen Milch.

Wassertemperatur: 85 °C,
4 Minuten ziehen lassen.

Nepal S. F. T. G. F. O. P. Illam

Ein Schwarztee mit orangefarbenen Blättern, der
aus einem schönen, hochgelegenen Garten nahe
der Region Darjeeling stammt.

Dank seines blumigen, vollmundigen Geschmacks
ist er ein ausgezeichneter Frühstückstee, der vorzugsweise pur getrunken werden sollte.

Wassertemperatur: 85 °C;
4 Minuten ziehen lassen.

Sikkim F. T. G. F. O. P. Temi

Ein Schwarztee aus Sikkim, einem kleinen Anbaugebiet in den Hochebenen des Himalaya. Die
Blätter sind schön und regelmäßig und mit Blattknospen vermischt.

Sein runder und delikater Geschmack kommt
dem des Darjeeling sehr nahe. Er wird meist
morgens ohne Milch getrunken. Seine Farbe in der
Tasse bleibt sehr hell. Eine Entdeckung!

Wassertemperatur: 85 °C;
4–5 Minuten ziehen lassen.

Indischer Yin Zhen (»Silbernadeln«)

Ein weißer Tee (!) aus Annamalais, einer Region in Südindien. Traditionell produziert Indien eigentlich nur Schwarztees, doch dieser aus der *Camellia sinensis* gewonnene Tee ist eine Ausnahme und ein wirklich gelungener Versuch. Nur die Blattknospe wird geerntet und getrocknet. Jedes Jahr werden etwas über zwei Tonnen geerntet, die für den amerikanischen Markt bestimmt sind.

Ein wunderbarer, von einem feinen weißlichen Flaum überzogener Tee, dessen Farbe in der Tasse hellgelb und sehr klar ist. Dieser Tee kann mehrere Male aufgegossen werden. Er ist vitaminreich und wird – natürlich ohne Milch – den ganzen Tag über getrunken.

Wassertemperatur: 85 °C,
7–20 Minuten ziehen lassen:
Erster Aufguss: 7–9 Minuten.
Zweiter Aufguss: 10–12 Minuten.
Dritter Aufguss: 13–16 Minuten.
Vierter Aufguss: 17–20 Minuten.

CHINA

China ist unzweifelhaft die Wiege des Tees, der dort vor über 5000 Jahren entdeckt wurde. Heute gibt es etwa 10 000 Teegärten im alten Reich der Mitte. Ein chinesisches Sprichwort besagt daher auch, dass ein Leben nicht lang genug ist, die unterschiedlichen Teesorten zu probieren. Im Lauf der Geschichte wurden die wertvollen Blätter mehr als einmal zum Objekt von Habgier und politischen Streitigkeiten. Auch die unterschiedlichen Herstellungsweisen wurden jahrhundertelang eifersüchtig bewacht. China, heute mit 750 000 Tonnen jährlich weltweit der zweitgrößte Teeproduzent, ist zudem das einzige Land, in dem alle Teesorten produziert werden: weißer Tee, grüner Tee (drei Typen), blaugrüner Tee, Schwarztee, Rauchtee, geformter Tee und nachfermentierter Tee. Eine eindrucksvolle Vielfalt.

China besitzt sieben große Teeanbaugebiete: Yunnan, Anhui, Fujian, Zhejiang, Guangxi, Hunan und Guangdong.

Keemun B. T. O. P., erste Qualität

Ein sehr milder Schwarztee mit wenig Koffein, der den ganzen Tag bis in den Abend hinein getrunken werden kann. Keemun verleiht häufig Schwarztees guter Qualität sein Aroma.

Seine kleinen Blätter werden in Längsrichtung gerollt. Aromatisch, leicht und zart würzig im Geschmack mit rotbrauner Farbe in der Tasse.

Wassertemperatur: 85 °C;
3–4 Minuten ziehen lassen.

Caravane Chindoo

Ein Schwarztee, der vom Geschmack her dem Keemun-Tee ähnlich ist. Auch er ist mild und kann den ganzen Tag über getrunken werden.

Die kleinen, tiefschwarzen Blätter sind regelmäßig. Für einen schwarzen Tee ist seine Farbe in der Tasse sehr hell. Ein exzellenter Tee, um den Tag ausklingen zu lassen.

Wassertemperatur: 85 °C;
4–5 Minuten ziehen lassen.

Szechwan T. G. F. O. P.

Ein Schwarztee mit sehr feinen, regelmäßigen und gerollten Blättern, die von goldenen Spitzen durchzogen sind. Trotz seines milden Geschmacks ist er stark parfümiert. Er kann naturbelassen den ganzen Tag über getrunken werden und ist ebenfalls relativ koffeinarm.

Wassertemperatur: 85 °C;
4–5 Minuten ziehen lassen.

Yunnan Pu-Erh

Ein nachfermentierter Schwarztee aus der Provinz Yunnan, der in Kellern einer zweiten Fermentierung unterzogen wurde. Sein charakteristischer, erdiger Geschmack ist unvergleichlich. Man liebt ihn oder verabscheut ihn. Er besitzt viele gute Eigenschaften: Er bindet überschüssiges Cholesterin und wird häufig während Diäten empfohlen. Zudem erleichtert er die Verdauung. Pu-Erh-Tee ist weltweit der einzige Tee, den man als Jahrgangstee kaufen kann. Seine Farbe in der Tasse ist dunkelrot bis schwärzlich. Die Blätter sind für einen Schwarztee vergleichsweise hell. Auf jeden Fall eine Entdeckung!

Wassertemperatur: 85 °C;
4 Minuten ziehen lassen.

Golden Yunnan G. F. O. P.

Zweifelsfrei einer der schönsten in China produzierten Schwarztees aus der großen Region Yunnan. Seine braunen Blätter schmücken goldene Spitzen. Er ist sehr mild und delikat und von hellroter Farbe. Als Tee kann er den ganzen Tag über getrunken werden.

Wassertemperatur: 85 °C;
4–5 Minuten ziehen lassen.

Oolong Ti Guan Yin

Ein halb fermentierter blaugrüner Tee. »Ti Guan Yin« bedeutet »eiserne Göttin der Barmherzigkeit« und entspringt sicherlich der in China sehr bekannten Legende, die im Kapitel »Geschichte des Tees« erzählt wurde.

Seine Blätter sind sehr lang, hell, fein und von einem silberfarbenen Flaum überzogen. Er ist frisch und feinwürzig, mit einem leichten Kastanienaroma und von zartgrüner Farbe. Wie alle Oolong-Tees ist er koffeinarm und kann daher den ganzen Tag über getrunken werden.

Wassertemperatur: 85 °C;
5–7 Minuten ziehen lassen.

Lapsang Souchong

Dieser mittelstarke schwarze Rauchtee ist sicherlich der bekannteste seiner Art. Die breiten, langen, sehr dunklen Blätter werden nach der Fermentation über Kiefernadeln geräuchert. Er ist klar und dunkel, mit delikatem Rauchgeschmack. Er wird gerne während einer Mahlzeit getrunken und passt gut zu Fisch und Geflügel. Dank seines prononcierten Aromas findet er auch in der Küche vielseitig Verwendung.

Wassertemperatur: 85 °C;
4–5 Minuten ziehen lassen.

Chinesischer Rauchtee mit weißen Spitzen

Eine wunderbare Mischung schwarzer Rauchtees, durchmischt mit weißen Spitzen (Blattknospen). Dank dieser Mischung hat der Tee einen sehr delikaten, leichten Rauchgeschmack und eignet sich daher für alle, die zum ersten Mal einen Rauchtee probieren. Er ist den ganzen Tag über zu genießen.

Wassertemperatur: 85 °C;
3–6 Minuten ziehen lassen.

Tarry Souchong

Ein besonders stark geräucherter, schwarzer Tee für all diejenigen, die gerne ausdrucksstarken, kräftigen Tee trinken. Er verströmt ein ganz eigenes teerartiges Aroma, das man auch schmeckt. Liebhaber trinken ihn ununterbrochen während des ganzen Tages. Er verträgt ein paar Tropfen Milch und sollte erst nach dem Frühstück getrunken werden. Ein sehr maskuliner Tee, den zu entdecken sich sicherlich lohnt.

Wassertemperatur: 85 °C;
4–5 Minuten ziehen lassen.

Gunpowder

Ein zu kleinen Kugeln gerollter Tee, dessen Aussehen an Schrotkugeln erinnert. Die Blattkugeln sind sehr grün und sehr gleichmäßig geformt: Die Qualität des Gunpowder hängt von der graugrünen Farbe und der Größe der Kugeln ab. Dieser grüne Tee wird oft mit Minze zubereitet. Er schmeckt sehr frisch und besitzt eine blassgelbe Farbe in der Tasse. Nach dem Aufgießen entfalten sich die Blätter. Vor allem im Sommer mit frischer Minze und etwas Kardamom ein unvergleichliches Getränk.

Wassertemperatur: 80 °C;
lose in der Teekanne ziehen lassen.

Yunnan Silver Hill

Ein wunderbarer grüner Tee aus der Yunnan-Region. Mit seinem blumigen Geschmack und seiner zarten, klaren Farbe in der Tasse ist er ein idealer Frühstückstee, der jedoch auch während eines Mittagessens pur getrunken werden kann. Er zeichnet sich durch sehr schöne, sehr große, leicht gräuliche Blätter aus. Wirklich etwas Besonderes.

Wasser: 70 °C;
3 Minuten ziehen lassen.

Lung Ching

Dieser Tee, der zu deutsch »Drachenbrunnen« heißt, ist sicherlich der bekannteste der grünen Teesorten Chinas. Sein Name ist einer Legende entnommen. Er wird in der Region Zhejiang an den Ufern des berühmten Sees im Westen der Stadt Hangzhou gewonnen. Seine in Längsrichtung gepressten Blätter werden für die Herstellung aromatisierter grüner Tees verwendet.

Dieser Tee hat durch seinen Reichtum an Vitamin C und Aminosäuren eine besonders stärkende Wirkung. Er schmeckt aromatisch frisch und ist von zartgrüner Farbe. Nach dem Aufguss werden die Blätter besonders zart. Zum Reinbeißen! Dieser Tee wird pur vom Frühstück an getrunken.

Wassertemperatur: 70 °C;
3 Minuten ziehen lassen.

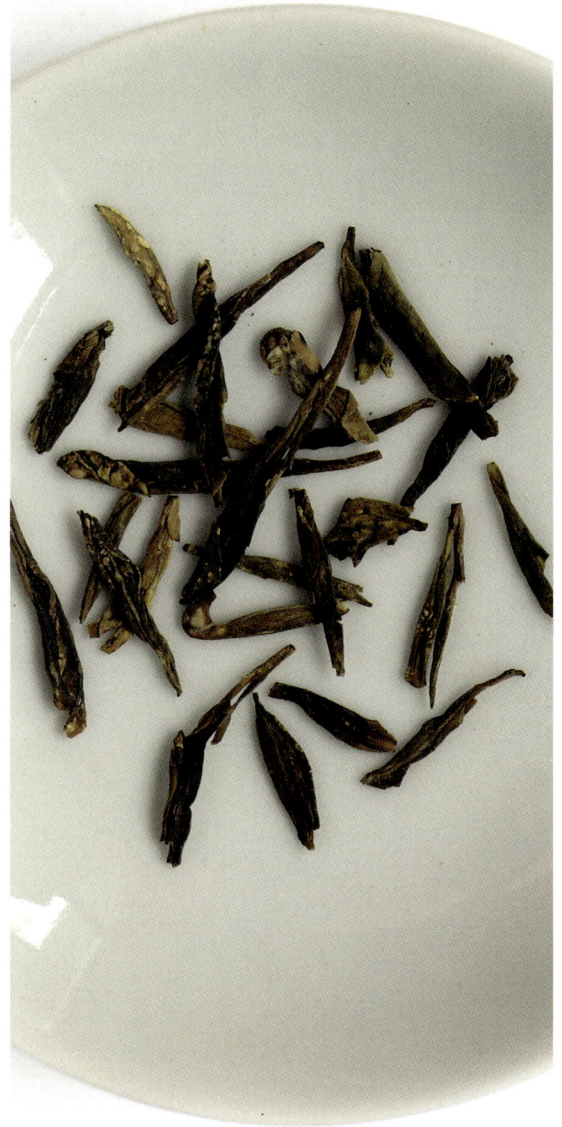

Jasmin Chung Hao

Ein mit Jasminblüte zart parfümierter grüner Tee. Die Blätter werden zunächst in dünnen Lagen auf Bambushürden ausgebreitet und dann mit Jasminblüten bedeckt, damit die Blätter den Duft des Jasmins annehmen. Eine absolute Rarität, die es zu entdecken gilt. Die Blätter sind dünn und regelmäßig. Er ist ist sehr hell und klar und entfaltet ein zartes und subtiles Aroma. Dieser Tee ist eine harmonische Ergänzung zur asiatischen Küche.

Wassertemperatur: 70 °C;
3 Minuten ziehen lassen.

Chun Mee

Ein grüner Tee mit gedrehten Blättern, der »Augenbraue eines alten Mannes« genannt wird. Sein regelmäßiges Blatt besitzt ein starkes Aroma und sorgt für eine sehr helle Farbe in der Tasse. Er wird den ganzen Tag über getrunken und häufig mit einigen Minzeblättern, Gewürzen oder Zitrusfruchtschalen aromatisiert.

Wassertemperatur: 70 °C;
3–4 Minuten ziehen lassen.

Dragonpearl Jasmintee

Dieser einzigartige grüne Tee, der zart mit Jasminblüten parfümiert ist, gehört zu den wahren Schätzen Chinas. Er wird in der Provinz Fujian aus Blattknospen und den ersten beiden Blättern hergestellt, die von Hand zu kleinen Perlen gerollt und mit frischen Jasminblüten gedämpft werden.

Seine Farbe in der Tasse ist sehr hell, beinahe kristallklar, und er hat ein dezentes Jasminaroma. Dieser Tee kann drei bis vier Mal aufgegossen werden. Einfach einige Perlen in eine Schale geben und mit heißem Wasser aufgießen: Die Perlen entfalten sich zu ganzen jungen Teetrieben. Nach dem Genuss der ersten Tasse kann man diese Blätter erneut mit heißem Wasser übergießen. So lässt sich dieser Tee den ganzen Tag über trinken.

Wassertemperatur: 80 °C; lose in einer Schale oder einer Teekanne ziehen lassen.

Yin Zhen (»Silbernadeln«)

Ein wunderbarer weißer Tee aus der Provinz Fujian. Nur die von einem weißen Flaum überzogenen Blattknospen werden geerntet und bekommen durch das Trocknen einen gräulichen Schimmer. Sein Name leitet sich daher von der Form seiner getrockneten Blätter ab, die wie kleine Nadeln aussehen.

Zweifelsfrei der qualitativ beste Tee weltweit, der daher ursprünglich auch allein dem chinesischen Kaiser vorbehalten war. Der fast farblose Aufguss ist reich an Vitamin C, und man kann sogar drei bis vier Aufgüsse davon zubereiten. Dieser Tee ist ein reiches Geschenk und eine wunderbare Entdeckung.

Wassertemperatur: 80 °C;
7–20 Minuten ziehen lassen.

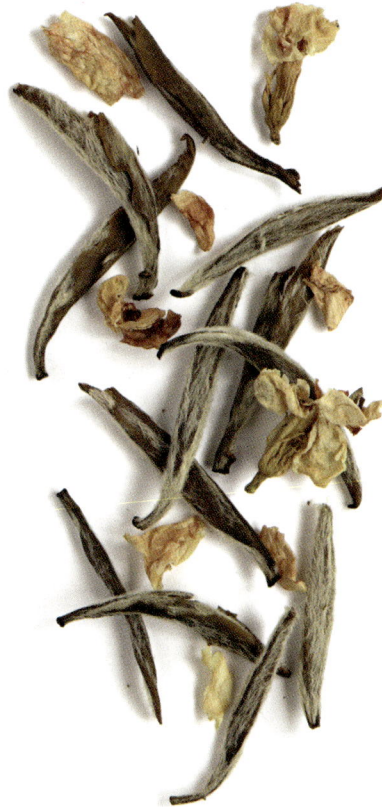

Pai Mu Tan

Diese weiße Teerarität kommt ebenfalls aus der Provinz Fujian. Hierfür werden die Blattknospen und die beiden ersten voll entwickelten Blätter geerntet. Aufgrund seiner silbrigen, von einem Flaum überzogenen Blätter trägt er den Namen »weiße Pfingstrose«. Der Aufguss ist fast durchsichtig, von frischem Geschmack und reich an Vitamin C. Pai Mu Tan kann von morgens an getrunken werden, wobei mehrere Aufgüsse sogar empfehlenswert sind. Zudem zeichnet sich dieser weiße Tee durch ein gutes Preis-Leistungs-Verhältnis aus und eignet sich so als Einstiegstee, um die Feinheiten des weißen Tees kennen zu lernen.

Wassertemperatur: 80 °C;
7–20 Minuten ziehen lassen.

Lin Yun

Ein ausgezeichneter chinesischer grüner Tee, der wie Yunnan Silver Hill sicherlich zu den besten gehört. Seine großen, schönen, blassgrünen Blätter werden im Aufguss ganz hell. Er ist zart hellgelb, von erfrischendem Aroma und reich an Vitamin C. Man trinkt ihn pur vom Frühstück an den ganzen Tag über, und er ist ein absolutes Muss für alle Liebhaber des grünen Tees.

Wassertemperatur: 70 °C;
3 Minuten ziehen lassen.

Dragonpearls, Yin Zhen, Pai Mu Tan und Lin Yun gelten als außergewöhnliche Teeraritäten. Sie sind selten und teuer, doch in den meisten Teehandlungen kann man sie schon in kleinen Mengen ab 50 Gramm erstehen. Man sollte sich Zeit nehmen, sie richtig zuzubereiten und zu kosten.

In China werden auch »geformte« Tees produziert. Diese Tees werden kunstvoll und mit großer Geduld von Hand zu Blumen gebunden. Für jede einzelne Blume sind mindestens 70 Blätter erforderlich. Die Teeblumen stammen aus der Provinz Yunnan. Die in großer Höhe (1600 Meter) gelegenen Teegärten werden dank des regelmäßigen, feinen, lauwarmen Niederschlags reichlich bewässert und bieten qualitativ besonders hochwertigen Tee.
Diese Teeblumen tragen besonders sprechende Namen, die von der Liebe und dem Respekt der Chinesen gegenüber dem Tee zeugen.

Golden Daisy

Ein aus rund 100 Blättern in Margeritenform gebundener Tee, der durch einen Baumwollfaden zusammengehalten wird. Diese Blume sollte in eine durchsichtige Schale gelegt und mit heißem Wasser übergossen werden. Während des Ziehens nimmt sie die Farbe und Form einer Margerite an, die in China als Synonym für Reinheit und Tugend gilt. Dieser Tee kann maximal drei Mal aufgegossen werden.

Wassertemperatur: 85 °C,
5–7 Minuten ziehen lassen,
bis die Blume ihre Form angenommen hat.

Goldspirale

Zu Spiralen gedrehte Teeblätter, die ihre Form mit Hilfe eines kleinen Bambusstabs erhalten, um den sie sorgfältig von Hand gedreht werden. Dieser Tee kann zwei Mal vorzugsweise in einer Schale aufgegossen werden.

Wassertemperatur: 85 °C;
3–4 Minuten ziehen lassen.

Goldkamelie

Sechzig Blätter werden mit einem kleinen Baumwollfaden von Hand zusammengebunden, um die
Blüte des Teestrauchs – die Kamelie – darzustellen. Eine Hommage an diesen wertvollen
Strauch. Eine absolute Entdeckung! Die Blume
wird in eine durchsichtige Schale gelegt und mit
heißem Wasser übergossen. Vor den Augen des
Genießers entfaltet sich ein einzigartiges und
erregendes Bild. Die Kamelie kann zwei bis drei
Mal aufgegossen werden.

Wassertemperatur: 85 °C;
5–7 Minuten ziehen lassen,
bis sich die Blume entfaltet.

CEYLON

In der Welt des Tees spricht man weiterhin von Ceylon als Herkunftsland, obwohl das Land seit 1972 Sri Lanka heißt. Nach Indien und China ist Ceylon heute der drittgrößte Teeproduzent der Welt. Traditionell produziert Ceylon ausschließlich Schwarztees.

Etwa 300 000 Tonnen werden jährlich verkauft. Die Insel ist zum Großteil der Kultivierung der *Camellia sinensis* und in der Ebene der *Camellia assamica* gewidmet.

Man unterscheidet vier große Teeanbaugebiete:

– Dimbula: die wichtigste Region mit den meisten Plantagen. Tees dieser Region zeichnen sich durch ein feines Aroma und eine goldbraune Farbe in der Tasse aus.

– Nuwara Eliya: Die Schwarztees dieser Region sind berühmt für ihre klare, leuchtende Farbe und ihren ausdrucksstarken Geschmack.

– Uva: eine Region im Südosten der Insel. Auf Hochebenen wird Tee von ausgezeichneter Qualität angebaut, der wegen seines feinen, vollmundigen Aromas weltweit geschätzt wird.

– Kandy: Ein Teeanbaugebiet im Norden Ceylons, das sehr feine Teesorten bietet.

In Ceylon wird der Tee ganzjährig geerntet.

Ceylon B. O. P. Adawatte

Ein Schwarztee aus den Teegärten Adawattes.
Die gebrochenen Blätter erzeugen ein kräftig-
würziges Aroma. Die dunkelrote Farbe in der
Tasse und der herb-aromatische Geschmack machen ihn zu einem idealen Frühstückstee. Dieser
Tee kann mit ein paar Tropfen Milch getrunken
oder mit einem Stück Zitronenschale gemildert
werden.

Wassertemperatur: 90 °C;
3 Minuten ziehen lassen.

Ceylon O. P. Pettiagalla

Ein Schwarztee aus den wunderschönen Petti-
galla-Teegärten, die sich im Zentrum der Insel in
der Region Dimbula befinden, jenem riesigen, für
seine gute Qualität bekannten Anbaugebiet. Die
Blätter dieses Orange Pekoe sind schwarz, lang,
gedreht und sehr regelmäßig. Ein Tee mit orange-
roter Farbe in der Tasse und einem milden, fruch-
tigen, weichen, leicht karamellisierten Geschmack.
Er verträgt ein paar Tropfen Milch und ist ein vor-
züglicher Frühstückstee.

Wassertemperatur: 90 °C;
4 Minuten ziehen lassen.

Ceylon O. P. Kelani

Ein Schwarztee von der Kelani-Plantage, deren Gärten sich im Südosten der Insel in einem tropischen, für seine Edelsteine berühmten Landstrich befinden. Die Blätter des aus dem *assamica*-Strauch gewonnenen Tees sind dünn, ganz und regelmäßig. Sie werden gedreht und geben dem Aufguss eine dunkelrote Farbe. Der runde, warme Geschmack erinnert ganz leicht an Schokolade.

Wassertemperatur: 90 °C;
3–5 Minuten ziehen lassen.

Ceylon F. O. P. Saint James

Ein Schwarztee aus der Provinz Uva im Südosten der Insel. Dieser sehr schöne Flowery Orange Pekoe besitzt gleichmäßig geformte Blätter, die von einzelnen goldenen Blättern durchzogen sind. Er ist kupferbraun und von kräftigem Geschmack. Die Saint-James-Plantage besitzt seit jeher einen guten internationalen Ruf. Alle Tees dieser Plantage haben eine sehr gute Qualität.

Wassertemperatur: 90 °C;
4 Minuten ziehen lassen.

Ceylon O. P. Torrington

Ein Schwarztee aus der Region Dimbula. Die hoch gelegene Torrington-Plantage baut ausschließlich *Camellia sinensis* an. Dieser wunderbare Orange Pekoe zeichnet sich durch große, schwarze, regelmäßige, rehfarbige Blätter aus. Der Aufguss ist orangebraun und hat einen fruchtig-milden Geschmack. Wie alle Tees Ceylons eignet er sich ideal als Frühstückstee und kann mit oder ohne Milch getrunken werden.

Wassertemperatur: 90 °C;
3–4 Minuten ziehen lassen.

KENIA

Die Teeplantagen in Kenia sind noch recht jung. Obwohl in Kenia erst seit 1929 Tee angebaut wird, ist dieses Land heute mit 280 000 Tonnen jährlich unmittelbar nach Ceylon der viertgrößte Teeproduzent der Welt. Beinahe die gesamte Produktion wird exportiert.

Kenia stellt ausschließlich schwarzen Tee aus gebrochenen Blättern her, der aus den beiden Hauptanbaugebieten Kericho und Limuru stammt.

Der Großteil der Produktion wird für die Herstellung von Instant- und Beuteltees verwendet. Kenianischer Tee ist häufig auch Bestandteil von Teemischungen, die dann zum Beispiel als Frühstückstees auf den Markt kommen.

Kenia F. B. O. P. Marinyn

Dieser kenianische Flowery Orange Pekoe kommt aus der riesigen Marinyn-Plantage. Ein sehr starker, vollmundiger Tee mit dunkelbrauner Farbe in der Tasse, der am besten zum Frühstück schmeckt, vorzugsweise mit ein paar Tropfen Milch.

Wassertemperatur: 90 °C;
3–4 Minuten ziehen lassen.

JAPAN

Die ersten japanischen Teegärten wurden im 10. Jahrhundert gepflanzt. Heute ist Japan nach der Türkei sechstgrößter Teeproduzent der Welt. Jährlich werden 80 000 Tonnen grüner Tee produziert, der einen hervorragenden Ruf genießt.

Japaner sind große Teeliebhaber; sie trinken fast ihre gesamte Teeproduktion selbst und importieren aus Frankreich und Europa aromatisierte schwarze und grüne Tees, die sich bei ihnen großer Beliebtheit erfreuen.

Die schönsten Teeplantagen befinden sich in der Region Uji, südlich von Kyoto (der ehemaligen Kaiserstadt), und in der Region Shizuoka, südlich von Tokio. Diese Teegärten werden sorgfältig unterhalten und geschützt; häufig sind sie mit riesigen Ventilatoren ausgerüstet, die der Frostbekämpfung dienen. Die wertvollsten Teegärten werden drei Wochen vor Erntebeginn mit Planen abgedeckt, damit der Pflanzensaft der Teesträucher nach oben bis in die Spitzen steigt und den grünen Tee besonders geschmacksintensiv werden lässt.

Japan produziert ausschließlich grünen Sencha-Tee, für den die Blätter in Längsrichtung gepresst werden. Japanischer grüner Tee hat einen viel intensiveren Geschmack als der aus China. Zudem wird durch das Dämpfen der Teeblätter das Chlorophyll in den Blättern nicht zerstört, was dem Sencha-Tee eine intensiv grüne Farbe verleiht.

Genmaicha

Ein mit geröstetem Reis und Mais gemischter grüner Sencha-Tee. Diese ungewöhnliche Mischung schmeckt angenehm erfrischend und leicht rauchig im Abgang. Seine Farbe in der Tasse ist klar und hellgrün. Genmaicha ist eine harmonische Ergänzung zu einem japanischen Frühstück. Er kann den ganzen Tag über getrunken werden, doch gegen Abend sollte man zurückhaltend sein. Er ist wie alle japanischen grünen Tees sehr reich an Vitamin C. Auf jeden Fall eine Entdeckung!

Wassertemperatur: 70 °C;
3 Minuten ziehen lassen.

Bancha Hojicha

Ein grüner, leicht gerösteter Tee. Geerntet werden die Blattknospen und die vier ersten Blätter. Sein einzigartiger Geschmack erinnert entfernt an das zarte Aroma des Oolong-Tees aus Taiwan. Er ist von heller grüngelber Farbe in der Tasse. Dieser aus ganzen Blättern hergestellte Tee hat sehr wenig Koffein. So wird er in Japan den ganzen Tag getrunken, vorzugsweise pur.

Wassertemperatur: 80 °C; 4–5 Minuten ziehen lassen.

Sencha Yamato

Grüner Sencha-Tee exzellenter Qualität – einer
der besten grünen Tees Japans. Sein dunkelgrünes,
sehr regelmäßiges Blatt wird in Längsrichtung
gepresst. Er hat eine grüne Farbe in der Tasse und
einen milden Geschmack, der entfernt an Gemüse
erinnert. Man kann ihn vom Frühstück an und
während des Mittagessens trinken, selbstverständlich pur. Dieser Tee ist sehr koffeinhaltig, reich
an Vitaminen und enthält zudem recht viel Fluor.

Wassertemperatur: 70 °C;
2 Minuten ziehen lassen.

Gyokuro Asahi

Dieser wunderbare japanische Sencha-Tee zählt zu den kostbarsten und edelsten grünen Tees weltweit. Er stammt aus der schönen Region Uji. Sein Name bedeutet »edler Tautropfen«. Sein leuchtend grünes Blatt ist dünn und regelmäßig geformt und verleiht dem Tee eine smaragdgrüne Farbe. Sein unverkennbar delikater Geschmack hat eine süßliche Note. Bei diesem Tee ist es wichtig, die Wassertemperatur und Dauer des Ziehens genau einzuhalten. Der Tee ist reich an Vitaminen, enthält allerdings auch viel Koffein und sollte daher nicht abends getrunken werden.

Wassertemperatur: 50 °C,
1 Minute ziehen lassen.

Matcha

Für den Matcha, einen leuchtend grünen Pulver-tee, werden die Sencha-Blätter in Steinmühlen gemahlen. Dieser Tee wird für die japanische Teezeremonie verwendet. Meist wird er in kleinen, luftdicht verschließbaren Metalldosen zu 20 bis 40 Gramm abgepackt. Seine schöne, smaragdgrüne Farbe verleiht auch Gebäck eine interessante grüne Färbung und einen ganz eigenen frischen Geschmack, was diesen Tee mittlerweile auch bei europäischen Konditoren sehr beliebt macht, die damit ungewöhnliche Leckerbissen zaubern. In Japan wird er während der Teezeremonie mit einem kleinen Bambusbesen schaumig aufgeschla-gen. Sein zartherber Geschmack erinnert einige Europäer an Spinat.

Wassertemperatur: 80 °C; den Tee sofort mit einem Bambusbesen (Chasen) aufschlagen.

FORMOSA

Die ersten Teegärten auf Taiwan wurden im 19. Jahrhundert angelegt. In der Sprache des Tees wurde der alte Name Formosa der Insel beibehalten, auch wenn die Insel heute Taiwan heißt. Sie liegt ganz in der Nähe der chinesischen Teeprovinz Fujian.

Mit einer jährlichen Produktion von 20 000 Tonnen Tee liegt Taiwan heute an siebter Stelle der Tee produzierenden Länder. Die Hauptspezialität der Insel ist ein blaugrüner, halb fermentierter Tee, besser bekannt als Oolong-Tee.

Superior Fancy Oolong

Dieser Tee, der halb bzw. zu zwei Dritteln fermentiert ist, zählt eher zu den Schwarztees als zu den grünen Tees. Die sehr langen, kastanienfarbenen Blätter sind kaum gerollt und haben die Form eines Drachens. Die Farbe in der Tasse ist hellorange, und der ausgewogene Geschmack erinnert an getrocknete Früchte, Aprikosen und Kastanien. Ein milder Tee, den man den ganzen Tag über genießen kann. Er hat wenig Koffein und kann daher auch abends getrunken werden. Wer auf der Suche nach einem besonders milden, exzellenten Tee ist, sollte diesen Oolong-Tee auf alle Fälle probieren.

Wassertemperatur: 90 °C;
5−7 Minuten ziehen lassen.

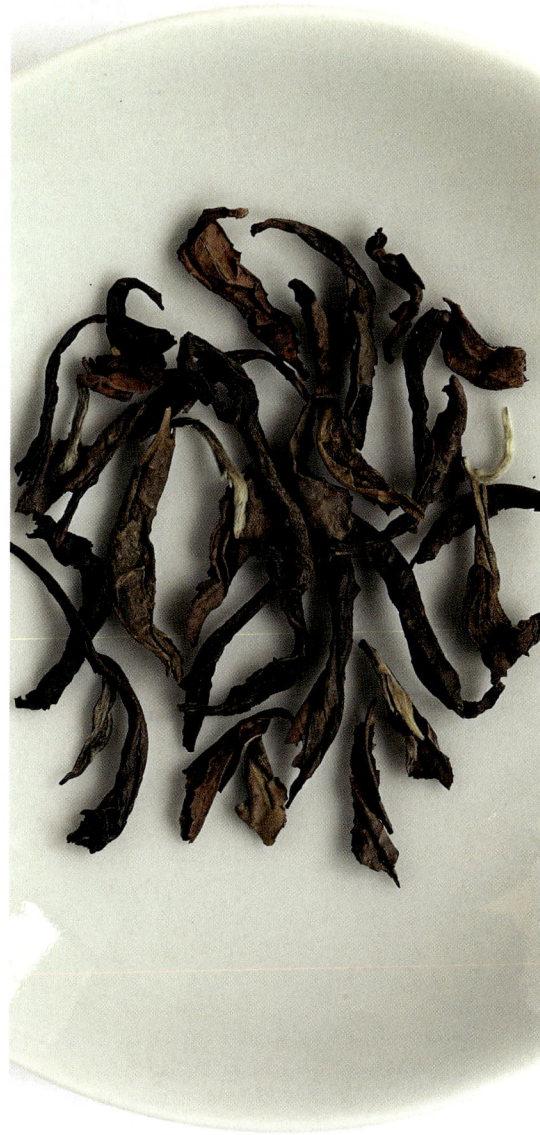

Dung Ding

Ein nur zu einem Drittel bis höchstens halb fermentierter Tee, der daher eher zu den grünen
Tees zählt. Er stammt von einem meist im
Nebel verborgenen Berg, dessen Namen er trägt:
»Eisspitze«. Ein Hochlandtee von überragender
Qualität. Die eng gerollten Blätter geben dem
Aufguss eine goldene Farbe und einen delikat
süßlichen Geschmack, wobei die Aromen Honig
und Kastanie dominieren. Er kann bis zu drei Mal
aufgegossen und den ganzen Tag über getrunken
werden.

Wassertemperatur: 90 °C;
5–7 Minuten ziehen lassen.

Bao Zhong

Da dieser halb fermentierte Tee nur ganz leicht fermentiert wurde (15–20%), ist er beinahe noch ein grüner Tee. Auch er wird als Ausnahmetee angesehen. Seine ungerollten, langen Blätter haben eine dunkelgrüne Farbe. Dennoch ist die Farbe in der Tasse leuchtend hellgelb, beinahe kristallin. Sein blumiges Aroma entfaltet sich sofort, wobei ein Duft von Orchideen und Lilien dominiert. Diesen Tee kann man den ganzen Tag über trinken und zwei bis drei Aufgüsse machen.

Wassertemperatur: 90 °C;
5–7 Minuten ziehen lassen.

Fancy Oolong mit Orangenblüte

Ein zu zwei Dritteln fermentierter Tee mit langen, drachenförmigen, braunen Blättern. Er ist ganz leicht mit Orangenblüten aromatisiert und hat eine hellrote Farbe in der Tasse. Sein von Kastanien und Orangen geprägtes Aroma entfaltet sich sofort. Ein äußerst aromatischer und milder Tee, der aufgrund seines geringen Koffeingehalts den ganzen Tag über bis in den Abend hinein getrunken werden kann.

Wassertemperatur: 90 °C;
5–7 Minuten ziehen lassen.

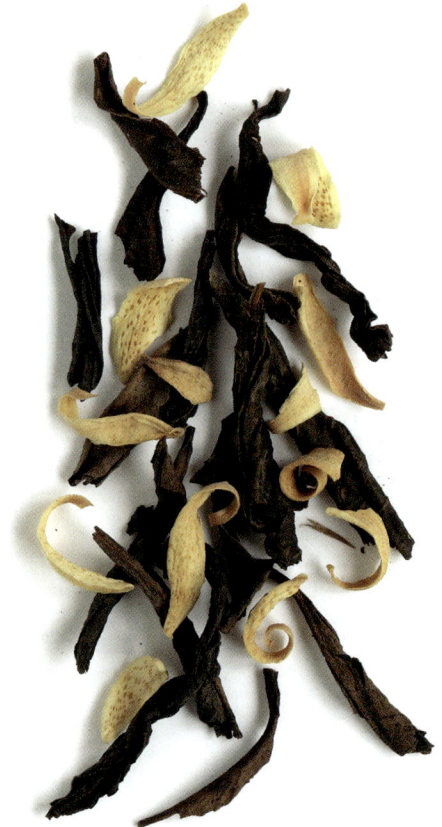

Die sechs genannten Länder (Indien, China, Sri Lanka, Kenia, Japan und Taiwan) decken 80 Prozent der weltweiten Teeproduktion ab. Mit einer jährlichen Produktion von 180 000 Tonnen Schwarztee ist die Türkei zwar der fünftgrößte Teeproduzent der Welt, doch beinahe die gesamte Produktion verbleibt in der Türkei und wird dort konsumiert. In der Türkei wird vorwiegend mit Apfel gemischter Schwarztee getrunken. Da die Teequalität sehr mittelmäßig ist, sind europäische Länder kaum daran interessiert, türkischen Tee zu importieren.

Einige kleine Länder hingegen haben eine sehr interessante Teeproduktion. So bieten Java und Vietnam beispielsweise qualitativ sehr gute Tees an. Aus einer kleinen Produktion der Insel Mauritius, auf der seit dem 18. Jahrhundert Tee angebaut wird, stammt der berühmte Bois chéri, ein sehr dunkler, kräftiger Tee aus gebrochenen, beinahe pulverisierten Blättern, der aus einem Teegarten gleichen Namens stammt. Er wird leicht mit Vanille aromatisiert und hat eine sehr dunkle Farbe in der Tasse. Dieser Tee schmeckt gut zum Frühstück und verträgt ein paar Tropfen Milch. Wassertemperatur: 90 °C; 3 Minuten ziehen lassen.

TRADITIONELLE
TEEMISCHUNGEN

Abgesehen von diesen reinen Teesorten der jeweiligen Ursprungsländer, die bisher vorgestellt wurden, gibt es auch einige traditionelle Teemischungen, die »Blends«, deren Mischung sich nach den Blattgraden richtet und die einen sehr interessanten Geschmack haben können.

Die bekanntesten Mischungen sind sicherlich die sogenannten Frühstückstees (*breakfast teas*), die überwiegend von englischen Teehäusern entwickelt wurden.

English Breakfast

Subtile Mischung von Schwarztees aus Ceylon und Assam. Diese sehr kräftige Mischung mit dunkelroter Farbe in der Tasse ist einer der typischen englischen Klassiker, denn sie vereint den vollmundigen, kräftigen Geschmack eines Ceylon-Tees mit der Subtilität eines Assam-Tees. Er wird zum Frühstück getrunken, vorzugsweise mit ein paar Tropfen Milch.

Wassertemperatur: 85 °C;
3–4 Minuten ziehen lassen.

Quai des Indes

Diese von mir vor einigen Jahren kreierte, subtile Teemischung besteht aus den Schwarztees dreier großer indischer Anbaugebiete (Darjeeling, Assam und Nilgiri). So entsteht aus drei traditionellen Tees ein milder Schwarztee von vollendeter Ausgewogenheit, der mit und ohne Milch schmeckt.

Wassertemperatur: 85 °C;
4 Minuten ziehen lassen.

PARFÜMIERTE UND
AROMATISIERTE TEESORTEN

Seit jeher hat man in China einige grüne Teesorten mit heimischen Blüten parfümiert. Teesorten mit Jasmin, Rosen, Lotus, Chrysanthemen und Litchis existieren seit langer Zeit. Auch in Indien war es üblich, Tee mit Gewürzen (Pfeffer, Kardamom, Ingwer usw.) zu aromatisieren.

In Russland trinkt man seit dem 17. Jahrhundert Tee mit Zitrusschalen und Gewürzen. Und nicht zu vergessen die Länder wie Marokko, in denen man den Tee mit frischer Minze trinkt, oder Tibet, wo man seit jeher Tee mit Butter und Salz würzt.

All diese Teemischungen gibt es, und man sollte sie daher auch respektieren. Einige Puristen lehnen aromatisierte Tees grundsätzlich ab. Aber warum? Kann man nicht gleichzeitig Liebhaber klassischer Teesorten sein und ab und zu Lust auf einen etwas ausgefalleneren Tee haben? Als der grüne Tee vor ein paar Jahren auch in Europa entdeckt wurde, wurde schnell deutlich, dass unser Geschmack nicht unbedingt dem asiatischen Geschmack gleicht, daher kamen die Importeure auf die Idee, den chinesischen grünen Tee zu parfümieren. So kommt der Konsument in den Genuss der wohltuenden Eigenschaften des grünen Tees und entdeckt zugleich den Geschmack eines mit Blüten oder Früchten aromatisierten Tees.

Earl Grey du Cherche-Midi

Eine Mischung aus chinesischem grünen Tee und halb fermentiertem Oolong-Tee aus Taiwan, dem etwas Bergamotte und Mandarine beigemischt wurde. Der Oolong-Tee sorgt für einen milden Ausgleich zu den Zitrusfrüchten. Dieser Tee kann den ganzen Tag über getrunken werden. Der frische, fruchtige Geschmack schmeichelt dem Gaumen, die Farbe in der Tasse ist beinahe durchsichtig.

Ich habe diesen Tee vor einigen Jahren für meine Teehandlung in der Rue du Cherche-Midi in Paris gemischt.

Wassertemperatur: 80 °C;
4 Minuten ziehen lassen.

Gin Fizz

Ein grüner Tee aus China, der mit Ingwer, Zitronenschale und Zitronengras aromatisiert wird. Seine
fast durchsichtige Farbe in der Tasse passt zu dem
sehr erfrischenden, pfeffrig spritzigen Geschmack.
Er kann den ganzen Tag über getrunken werden
und ist besonders bei Männern sehr beliebt.

Wassertemperatur: 70 °C;
3 Minuten ziehen lassen.

Die Gärten von Mogador

Als Basis für diesen Tee, den ich nach meiner Rückkehr aus Marokko kreiert habe, dienen der grüne Long Ching und der chinesische grüne Gunpowder. In jenem Frühjahr war ich in Essaouira mit seinen ausladenden Rosensträuchern, daher musste es eine Mischung aus einem mit Minze aromatisierten Gunpowder-Tee (marokkanische Tradition) und einem mit Rosen aromatisierten Long Ching sein, der ich noch einige Rosenblätter zugefügt habe. Diese Verbindung von Minze und Rose ist wunderbar. Sobald die Sonne scheint, kann man diesen Tee den ganzen Tag über genießen. Wenn Sie die Augen schließen, werden Sie sich nach Marokko versetzt fühlen. Die Farbe in der Tasse ist hell. Zu dem dominierenden Minzegeschmack mischt sich der Duft der Rosen. Eine echte Entdeckung!

Wassertemperatur: 70 °C;
3–4 Minuten ziehen lassen.

Rotkäppchentee

Grüner Long Ching, aromatisiert mit vier roten Früchten: Kirsche, Johannisbeere, Himbeere und Erdbeere. Eine wunderbare Mischung, in die getrocknete Erdbeerstückchen und ganze, getrocknete kleine Johannisbeeren gestreut werden. Ein Tee mit heller Farbe und einem milden, raffinierten Geschmack, den man den ganzen Tag genießen kann.

Wassertemperatur: 70 °C;
3 Minuten ziehen lassen.

Martinique-Traum

Ein grüner Long-Ching-Tee, aromatisiert mit exotischen Früchten und parfümiert mit Blütenblättern. Die Verbindung von grünem Tee und exotischen Früchten ist fantastisch. Trotz Mango und Papaya ist die Farbe in der Tasse sehr hell und beinahe kristallin. Das Aroma der Ananas dominiert. Ein Tee für den ganzen Tag, der auch als Eistee wunderbar schmeckt. Er eignet sich sogar für die Zubereitung von Kuchen. Sein erfrischender Geschmack versetzt uns auf weit entfernte Inseln.

Wassertemperatur: 70 °C;
3 Minuten ziehen lassen.

Veranda-Tee

Ein grüner Long-Ching-Tee, aromatisiert mit Kirsche und Rose. Ich habe diesen Tee vor ein paar Jahren für den japanischen Markt kreiert, denn alle Welt kennt die Wonnen des Kirschblütenfestes, das in Japan jedes Frühjahr gefeiert wird. Unter diesen Tee werden die Blütenblätter einer Rose gemischt, die den japanischen Kirschblüten (*sakura*) ähnelt. Die helle Farbe in der Tasse passt zu dem süßlichen und zugleich blumigen Geschmack.

Wassertemperatur: 70 °C;
3 Minuten ziehen lassen.

Colomba Korsika

Ein chinesischer Schwarztee, gemischt mit einem halb fermentierten und mit Feige, Kastanie und Mandarine aromatisierten Formosa-Tee. Dieser Tee ist eine Huldigung an die Insel Korsika, die ich vor einigen Jahren zum ersten Mal besucht habe. Ich wollte in meiner Tasse all diese Düfte und die Sonne wiederfinden. Eine harmonische, sehr milde Mischung, die den ganzen Tag über und auch am Abend sehr wohlschmeckend ist.

Wassertemperatur: 80 °C;
4–5 Minuten ziehen lassen.

Madagaskar

Mit Vanille, Schokolade und Mandeln aromatisierter chinesischer Schwarztee, dem einige Kakaobohnensplitter und Mandelstückchen zugefügt wurden. Ein sehr milder Tee, der allen schmeckt. Ein leichtes Schokoladenaroma prägt den orangebraunen Aufguss. Dieser Tee passt wunderbar zu süßem Gebäck.

Wassertemperatur: 80 °C;
4 Minuten ziehen lassen.

In the Mood for Love

Ein mit Veilchen und Jasmin aromatisierter chinesischer Schwarztee. Die orangegoldene Farbe in der Tasse und der leicht blumige Geschmack machen ihn zu einem wunderbaren Tee für Verliebte. Ein Tee, der zu jeder Tageszeit passt.

Wassertemperatur: 80 °C;
4 Minuten ziehen lassen.

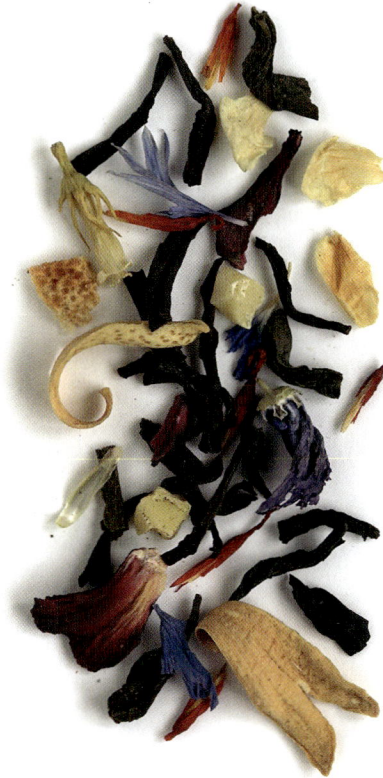

Dornröschen

Ein chinesischer Schwarztee in Verbindung mit Eisenkraut, Lindenblüte und Minze. Der Tee, den ich verwendet habe, hat sehr wenig Koffein, so eignet sich diese Mischung hervorragend als Abendtee. Das Minzearoma dominiert diesen frischen Tee, der besonders nach einem guten Abendessen sehr bekömmlich ist.

Wassertemperatur: 85 °C;
4–5 Minuten ziehen lassen.

Seerosen

Ein mit Vanille, Rhabarber und roten Früchten aromatisierter chinesischer Schwarztee, unter den einige Kornblumen- und Sonnenblumenblätter gemischt wurden. Eine Teemischung, die ich als Andenken an ein Wochenende in den Gärten Monets in Giverny kreiert habe. Die Würze der Vanille, die Säure des Rhabarbers und die Milde der roten Früchte sind eine wunderbare Verbindung. Die blauen und gelben Blütenblätter spiegeln die Farben Givernys wider. Eine schöne Mischung für jede Tageszeit.

Wassertemperatur: 85 °C;
4 Minuten ziehen lassen.

Sylvester

Ein mit Orange, Zimt und Gewürzen aromatisierter chinesischer Schwarztee, dem einige Orangenschalenstückchen und Nelken zugefügt wurden. Ursprünglich als Weihnachtstee gemischt, verkauft sich dieser Tee mittlerweile das ganze Jahr über. Im orangegoldenen Aufguss dominiert das Lebkuchenaroma. Ein Tee, der wunderbar zu Kuchen passt bzw. auch zum Backen von süßem Gebäck verwendet werden kann.

Wassertemperatur: 85 °C,
4 Minuten ziehen lassen.

Wolga-Tee

Chinesischer Schwarztee in einer Mischung mit halb fermentiertem, mit Bergamotte, Orange und Zitrone aromatisiertem Tee aus Formosa, dazu Beeren und Gewürze.

Ein Tee in der Tradition russischer Tees, für die häufig ein klassischer Schwarztee mit Zitrusschalen gemischt wurde. Dank des halb fermentierten Tees aber deutlich milder und heller als die russischen Teemischungen. Für alle, die es etwas milder mögen.

Wassertemperatur: 85 °C;
4–5 Minuten ziehen lassen.

Earl Grey floral Prinz William

Ein mit Bergamotte aromatisierter und mit Korn-
blumen- und Ringelblumenblütenblättern gemischter chinesischer Schwarztee. Dieser Tee ist *very
british* und geradezu ein Klassiker. Earl Grey ist seit
seiner Schöpfung durch Lord Grey sicherlich der
weltweit am häufigsten verkaufte aromatisierte
Schwarztee. Er kann den ganzen Tag hindurch
getrunken werden, natürlich ohne Milch. Seine
Farbe in der Tasse ist dunkelrot und passt zu dem
kräftigen, vollmundigen Geschmack, wobei das
Bergamotte-Aroma unzweifelhaft dominiert.

Wassertemperatur: 80 °C;
3–4 Minuten ziehen lassen.

Sankt Petersburg

Ein mit Zitrusfrüchten aromatisierter und mit Blütenblättern gemischter chinesischer Schwarztee. Ein klassischer russischer Tee, bei dem das Grapefruit-Aroma dominiert. Der frische und erfrischende Tee schmeckt ebenso gut heiß wie eisgekühlt.

Wassertemperatur: 80 °C;
3–4 Minuten ziehen lassen.

Vanille-Karamelltee

Pu-Erh-Tee (nachfermentierter Schwarztee), ganz leicht mit Vanille und Karamell aromatisiert, hat eine besonders gesundheitsfördernde Wirkung. Der für Pu-Erh-Tee charakteristische Geschmack nach feuchter Erde ist hierzulande nicht jedermanns Sache, doch durch die Aromatisierung mit Vanille und Karamell wird er eher akzeptiert. Die schönen, regelmäßig geformten Blätter sind heller als die gewöhnlicher Schwarztees, und obwohl sie eine dunkle, beinahe schwarze Farbe in der Tasse hervorrufen, ist dieser Tee äußerst bekömmlich.

Wassertemperatur: 85 °C;
4 Minuten ziehen lassen.

Rooibos natur

Der kleine in Afrika kultivierte Rotbusch gehört nicht zu den Teegewächsen. Dennoch wird sein Aufguss meist »roter Tee« genannt. Mittlerweile ist dieser sehr gesundheitsfördernde Tee mit der goldroten Farbe auch bei uns sehr beliebt. Da er natürlich kein Koffein enthält, kann man ihn den ganzen Tag über bis in den Abend hinein trinken. Sein Geschmack ist »warm«, rund und leicht – sehr angenehm.

Wassertemperatur: 85 °C;
3–4 Minuten ziehen lassen.

Grüner Rooibos

Dieser unfermentierte Rotbusch-Tee besitzt all die guten Eigenschaften des roten Rooibos-Tees in noch ausgeprägterer Form. Neben einem hohen Anteil an Vitamin C und Mineralsalzen enthält er wesentlich mehr Antioxydantien. Auch er enthält natürlich kein Koffein. Dank der in ihm enthaltenen freien Radikalen ist er besonders gut für die Gesundheit. Der milde und angenehme Tee ist daher den ganzen Tag hindurch ein Genuss.

Wassertemperatur: 80 °C;
3–4 Minuten ziehen lassen.

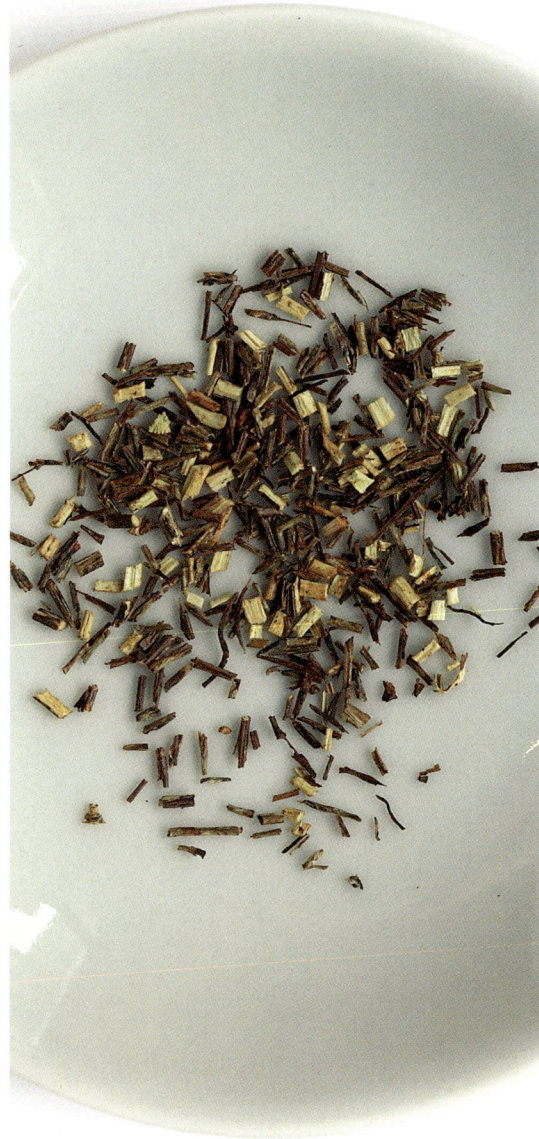

Grüner Mate-Tee natur

Die Blätter einer kleinen, hauptsächlich im Süden von Brasilien angebauten Stechpalmenart werden getrocknet und leicht geröstet. Der stärkende Aufguss enthält wenig Koffein und ist reich an Vitamin C und Antioxydantien, die auf Körper und Geist stimulierend wirken. Daher kann der Tee problemlos den ganzen Tag über getrunken werden. Rüsten Sie sich mit einer Kalebasse (einem getrockneten Kürbis) und einem Trinkhalm aus: In die Kalebasse ein paar Mateblätter geben und mit heißem Wasser übergießen. Ein paar Minuten ziehen lassen und dann wie die Brasilianer oder Argentinier mit dem Trinkhalm genießen.

Wassertemperatur: 85 °C;
lose in eine Kalebasse geben.

Mate-Tee mit Honig

Dieser Tee besitzt die gleichen guten Eigenschaften wie der traditionelle Mate-Tee, ist jedoch mit Honig aromatisiert und dadurch milder und süßer. Ein köstlicher Genuss. Für die Zubereitung gilt das Gleiche wie für den Mate-Tee natur.

Wassertemperatur: 85 °C; lose in eine Kalebasse geben.

Anzumerken ist, dass für die Mischung all dieser aromatisierten Tees ein Basistee sehr guter Qualität notwendig ist. Verwendet man beispielsweise einen qualitativ schlechten grünen Long-Ching-Tee, wird der Tee trotz der guten Aromen einen metallischen Geschmack haben.

ANHANG

TEE-WEISHEITEN

Trunken unter Blüten

Von Duft zu Duft
Von einer Wolke der Trunkenheit überrascht
Eingeschlafen gegen diesen Baum gelehnt unter
der schief stehenden Sonne
Ich wache mitten in der Nacht auf
Meine Freunde sind gegangen
Noch brennt eine rote Kerze
Der Zauber trauter Blüten.

Li Chang Yin (813–852)

Sieben Zeiten zu diesen Verszeilen

– eine Sekunde bis eine Minute: einen Tee zubereiten und langsam bis zum Duft vordringen;

– ein bis zwei Minuten: ein Tee, der mit einer Wolke der Trunkenheit überrascht;

– zwei bis drei Minuten: ein Tee vom Baum bis zur Sonne;

– drei bis vier Minuten: ein Tee als nächtliche Erweckung;

– vier bis fünf Minuten: ein Tee zum Abschied der Freunde;

– fünf bis sieben Minuten: ein Tee beim Schein einer roten Kerze;

– länger als sieben Minuten: ein Tee im Zauber der allerletzten Blüten.

Ob ich morgen leben werde, weiß ich freilich nicht. Aber dass ich, wenn ich morgen lebe, Tee trinken werde, weiß ich gewiss.

Gotthold Ephraim Lessing

Bitterer Tee, mit Wohlwollen dargeboten, schmeckt süßer als Tee, den man mit saurer Miene reicht.

Aus China

Ein heißes Bad erfrischt den Körper, ein heißer Tee den Geist.

Aus Japan

Hoffnung ist wie der Zucker im Tee: Auch wenn sie klein ist, versüßt sie alles.

Aus China

Man trinkt Tee, um damit den Lärm der Welt zu vergessen.

Der chinesische Weise T'ien Yiheng

Tee erleuchtet den Verstand, schärft die Sinne, verleiht Leichtigkeit und Energie und vertreibt Langeweile und Verdruss.

Aus China

Lass kommen, was mag, ich trinke Tee.

König Gustav VI. von Schweden

Ein Tag ohne Tee ist ein verlorener Tag.

George Bernhard Shaw

Die Welt hat sich in der Teeschale gefunden.

Kakuzo Okakura

Wer immer König sein mag, Tee ist die Königin.

Aus Irland

Der Weg zum Himmel führt an der Teekanne vorbei.

Aus England

Wenn dir kalt ist, wird Tee dich erwärmen
Wenn du erhitzt bist, wird er dich abkühlen
Wenn du bedrückt bist, wird er dich aufheitern
Wenn du erregt bist, wird er dich beruhigen

William Ewart Gladstone

Wer nichts hat, hat wenigstens Tee.

Aus China

Sie saßen und tranken am Teetisch,
Und sprachen von Liebe viel.
Die Herren die waren ästhetisch,
Die Damen von zartem Gefühl.

Heinrich Heine

Ähnlich wie der Kaffee spielt auch der Tee im Volksorakel eine Rolle. Wenn das Teekraut in der Tasse schwimmt, bekommt man Besuch; ist das Blatt kurz und dick, wird die (kommende) Person auch so sein, ist das Kraut hart, ist der Kommende kein guter; wenn weich, dann ist er gut. Oder: Ist das Teeblatt hart, so ist der Kommende eine männliche Person; ist es weich, so eine weibliche. Ein Teeblatt auf einer Tasse bedeutet auch eine Braut oder einen Bräutigam im Hause. Wenn die Zuckerbläschen auf dem Tee (oder Kaffee) sich alle in der Mitte der Oberfläche treffen, schickt einem jemand in Gedanken einen Kuss; gelingt es einem, sie alle mit dem Löffel anzufassen, so bekommt man den Kuss wirklich. Wenn der Teekessel kocht und der Dampf gerade in die Höhe steigt, so gehen die Freier zum Schornstein hinaus. Wenn man die Milch in den schwarzen Tee schüttet und sich die Form eines Geistes bildet, bedeutet es frühen Tod. Wenn man die Milch vor dem Zucker in den Tee gießt, gibt es eine unglückliche Liebe oder man bekommt keinen Mann (oder keine Frau).

Handwörterbuch des deutschen Aberglaubens

TEE-INFORMATIONEN

GESCHÄFTE

Kaffee Richter
Petersstraße 43
04109 Leipzig
Tel.: 0341-960 52 35

KaDeWe
Tauentzienstraße 21-24
10789 Berlin
Tel.: 030-212 10
Fax: 030-212 15 00

Tee & Tee
Tempelhofer Damm 207
12099 Berlin
Tel./Fax: 030-752 78 02

Haus des Ostens
Jungfernstieg 7
20354 Hamburg
Tel.: 040-34 36 80

Hanseatic Tea
Bei den Mühren 69 a
20457 Hamburg
Tel.: 040-37 84 28
Fax: 040-37 84 20

Tee-Bakker
Bismarckstraße 75
26384 Wilhelmshaven
Tel.: 04421-332 10
Fax: 04421-314 36

Tee-Handels-Kontor
Bremen
Jan-Weber-Straße 2
27726 Worpswede
Tel.: 04792-93 29 30
Fax: 04792-93 29 33
Mit ca. 30 Läden in
Deutschland

Paul Schrader
Spitzenkiel 4
28195 Bremen
Tel.: 04203-432 43
Fax: 04203-432 73

Der Teeladen
Heidestraße 26
53340 Meckenheim
Tel.: 02225-921 40
Fax: 02225-92 14 20
Rund 110 Geschäfte in
Deutschland, Österreich
und der Schweiz (auch als
»TeeGschwendner«)

Gewürz- und Teehaus
Schnoor
Neue Kräme 28
60311 Frankfurt
Tel.: 069-28 47 17
Fax: 069-28 34 08

Stuttgarter Teeladen
Nadlerstraße 4
70173 Stuttgart
Tel.: 0711-24 58 63

Tee Peter Kaffee
Kaiser-Josef-Straße 230
79098 Freiburg
Tel.: 0761-40 99 74
Fax: 0761-40 73 38

Alois Dallmayr
Dienerstraße 14-15
80331 München
Tel.: 089-213 50
Fax: 089-213 51 67

J. Eilles
Residenzstraße 13
80333 München
Tel.: 089-22 61 84

Teeladen
Pariser Straße 27
81667 München
Tel.: 089-480 16 53

Demmers Teehaus
Mölker Bastei 5
A-1010 Wien
Tel.: 0043-1-533 59 95

Jäger Tee
Operngasse 6
A-1010 Wien
Tel.: 0043-1-512 62 59

Schönbichler
Wollzeile 4
A-1010 Wien
Tel.: 0043-1-512 18 68

Tea & Co HandelsGmbH
Universitätsplatz 11
A-5020 Salzburg
Tel.: 0043-662-842228
Fax: 0043-662-842228

Demmers Teehaus
Griesgasse 3
A-8020 Graz
Tel.: 0043-316-771508

Der Teeladen
WYSS Samen und Pflanzen
Schosshaldenstrasse 61
CH-3006 Bern
Tel.: 0041-31-352 31 31

Teehaus am Holderplatz
CH-8400 Winterthur
Tel.: 0041-52-212 2040
www.teehaus.ch

Mariage Frères
30-32, rue du Bourg-Ti-
bourg
F-75004 Paris
Tel.: 0033-1-42 72 28 11
www.mariagefreres.com
Weitere Geschäfte:
13, rue des Grands-Augus-
tins
F-75006 Paris
Tel.: 0033-1-40 51 82 50
260, rue du Faubourg-
Saint-Honoré
F-75008 Paris
Tel.: 0033-1-46 22 18 54

La Maison des trois thés
33, rue Gracieuse
F-75005 Paris
Tel.: 0033-1-43 36 93 84
www.maisondestroisthes.com

Les Contes de thé
60, rue du Cherche-Midi
75006 Paris
Tel.: 0033-1-45 49 45 96

Kilali
3-5, rue des Quatre-Vents
F-75006 Paris
Tel.: 0033-1-43 25 65 64

Le Palais des thés
61, rue du Cherche-Midi
F-75006 Paris
Tel.:/Fax: 0033-1-42 22 03 98
Weiteres Geschäft:
35, rue Abbé-Grégoire
F-75006 Paris
Tel.: 0033-1-45 48 85 81

Betjeman & Barton
23, boulevard Malesherbes
F-75008 Paris
Tel.: 0033-1-42 65 86 17
Weiteres Geschäft:
24, boulevard des Filles-du-
Calvaire
F-75011 Paris
Tel.: 0033-1-40 21 35 52

Le Carré des simples
22, rue Tronchet
F-75008 Paris
Tel.: 0033-1-44 56 05 34
www.info@lecarredes-
simples.com

Hédiard
21, place de la Madeleine
F-75008 Paris
Tel.: 0033-1-43 12 88 88

Fortnum & Mason
181, Piccadilly
GB-London W1
Tel.: 0044-207-734 8040

Harrods
Knightsbridge
GB-London SW1
Tel.: 0044-207-730 12 34

Tea House Covent Garden
15, Neal Street
GB-London WC2
Tel.: 0044-207-240 75 39

Twinings
216, Strand
GB-London WC2
Tel.: 0044-207-353 35 11

VERSENDER IM INTERNET

www.deutschesteebuero.de
Umfangreiche Auflistung
von Tee-Fachgeschäften
nach Postleitzahlen.

www.teescout.de
Mit Links zu vielen Anbietern.

www.teesorte.de
Über 600 Sorten im Ange-
bot.

www.puretea.de
Spezialist für Bioteesorten.

www.teewelt.at
Österreichischer Versender
mit umfangreichem Ange-
bot.

www.eilles.de
Seite des renommierten
Münchner Fachgeschäfts.

www.shop.goldmaennchen-
tee.de
Seite der Firma Goldmänn-
chen-Tee.

www.messmer.de
Seite der Firma Meßmer.

www.paul-schrader.de
Seite der alteingesessenen
Firma.

www.teagschwendner.com
Seite der Firma
TeeGschwendner (Der Tee-
laden).

www.tee-kontor.net
Seite der Firma Teehaus
Ronnefeldt.

www.tee-import.de
Spezialist für fernöstliche
Teekulturen.

www.benjowskitea.de
Spezialist für China-Tee.

www.gruentee-direkt.de
Spezialist für Grüntees aus
China.

BÜCHER

Hans G. Adrian: Bilder-
buch zum Tee. Eine kleine
Kulturgeschichte des Tee-
trinkens mit zwölf chine-
sischen Aquarellen des
18. Jahrhunderts. Bayreuth
1967

Hans G. Adrian: Tee über
den Ozean. Von Teehandel
und Teehändlern, von
Klippern und Kapitänen
und von der Begegnung

mit dem Fernen Osten,
dargestellt auf alten Bildern
und in authentischen Be-
richten. Bremen 1979

Hans G. Adrian u. a.: Das
Teebuch. Kulturgeschichte,
Herstellung, Zubereitung.
München 1983

Aleijos: Grüne Wunder-
droge Tee. Wien 1977

Nadine Beauthéac u. a.:
Das Buch vom Tee.
Mit einem Vorwort von
Anthony Burgess. München
2001

John Blofeld: Das Tao des
Teetrinkens. Von der chinesischen Kunst, den Tee zu
bereiten und zu genießen.
Bern und München 1986

Gilles Brochard: Die Ge-
nussbox Tee. Bielefeld
2004

Margit Bühler: 5000 Jahre
Tee. Genuss und Gesund-
heit aus Kräutern. Stuttgart
1984

Pia Dahlem und Gabi Frei-
burg: Das große Buch vom
Tee. Teesorten, Anbauge-
biete, Mischungen, Herstellung, Heilkräfte. Rastatt
1999

Christine Dattner, Sophie
Boussahba: Das Buch vom
Grünen Tee. München 2003

Deutsches Teebüro (Hg.):
Daten und Fakten schwar-
zer Tee in Deutschland.
Hamburg 1996

Rose M. Donhauser: Das kleine Teebuch. Spezialitäten mit schwarzen und grünen Tees aus aller Welt. Münster 2003

Franziska Ehmcke: Der japanische Tee-Weg. Bewußtseinsschulung und Gesamtkunstwerk. Ostfildern 1991

Jürgen K. Ehrmann: Das Buch der Teedosen. Wien 1993

Hattie Ellis: Lust auf Tee. Entdecken, zubereiten, genießen. Münster 2006

Ursula Fabian: Das Buch vom Tee. München 1992

Walter Feldheim: Tee und Teeerzeugnisse. Berlin 1994

Laura Fronty und Yves Duronsoy: Tees, »Kaffees« und Drinks aus Blättern, Blüten und Gewürzen. München 2002

Roland Gööck und Hans-Joachim Döbbelin: Tee. Künzelsau 1990

Adolf Goetz: Teegebräuche in China, Japan, England, Rußland und Deutschland. Berlin 2000

Hellmut Grösser: Tee für Wissensdurstige. Das Fachbuch vom Deutschen Teebüro. 2000

Andreas Gruschke u. a.: Tee. Süßer Tau des Himmels. München 2001

Johann Haddinga: Das Buch vom ostfriesischen Tee. Leer 1986

Cornelia Haller-Zingerling: Die Welt des Tees. Neustadt a. d. W. 2006 Das Geheimnis des Tees

Horst Hammitzsch: Zen in der Kunst des Tee-Weges. München 2000

Horst S. Hennemann: Chasho. Geist und Geschichte der Theorien japanischer Teekunst. Wiesbaden 1993

Eelko Hesse: Tee. Alles über die Welt des Tees und die Tees der Welt. München 1979

Hu Hsiang-Fan und Carla Steenberg: Das Geheimnis des Tees. Berlin 2002

Ernst Janssen: Janssens Tee-Almanach. Lehrte 2003

M. D. King: Tea Time. Tradition, Zubehör und Rezepte. Cadolzburg [12] 1996

Maria-Elisabeth Lange-Ernst und Sebastian Ernst: Grüner Tee. Genuss mit heilender Wirkung. München 2004

Fritz Langner (Hg.): Tee-Weisheiten. Berlin 2003

Lu Yu: Cha Ching. Das klassische Buch vom Tee. Wien 2002

Thomas Lünser: Reisen zum Tee. Berlin 2003

Curt Maronde: Rund um den Tee. Frankfurt 1999

Richard Meier: Tee. Düsseldorf 1983

Bernd Merzenich: Tee. Gewohnheiten, Konsequenzen. Berlin 1994

Marzia Morganti Tempestini: Il Te. Tee. Zur schönsten Stunde des Tages. München 1998

Doris Muliar: Pu-Erh-Tee. Wiesbaden 2002

Günter Neuberger: Zum Beispiel Tee. Göttingen 1993

Manfred Neuhold: Tee aus heimischen Kräutern und Früchten. Graz [2] 1999

Josef Neumayer: Grüner Tee. Fit und gesund mit dem Getränk der Götter. München 1998

Kakuzo Okakura und Soshitsu Sen: Ritual der Stille. Die Teezeremonie. Freiburg 1997

Kakuzo Okakura: Das Buch vom Tee. Frankfurt 2002

Peter Oppliger: Der Grüne Tee. Lenzburg 2004

Jane Pettigrew: Tee. Das Handbuch für Genießer. Köln 1998

James N. Pratt: Tee für Geniesser. Vom Geist in der Tasse. Winterthur 2002

Stephan Reimertz: Vom Genuß des Tees: Eine heitere Reise durch alte Landschaften, ehrwürdige Traditionen und moderne Verhältnisse, inklusive einer kleinen Teeschule. Leipzig 1998

Jana und Dietrich Roloff: Zen in einer Schale Tee. Einführung in die japanische Teezeremonie. München 2003

Tilmann Schempp: Tee. Geschichte, Kultur, Genuss. Ostfildern 2006

Otto F. Schleinkofer: Der Tee. Berlin 1982

Karl Schmeisser und Jiang Wang: Tee im Teehaus. Die besondere Art, Tee zu genießen. Heidelberg 2005

Rainer Schmidt: Tee. Der Guide für Kenner und Genießer. München 1997

Rainer Schmidt: Der Tee-Kompass. München 2002

Soshitsu Sen: Der Geist des Tees. Berlin 2004

Christine Selius: Das kleine Tee-ABC. München 2000

Sara Slavin, Karl Petzke und Lessley Berry: Tee. Kultur und Genuss. Stuttgart 2005

Teekanne (Hg.): Schwarzer Tee. Düsseldorf 1995

Teestunde für Genießer. Die ganze Welt des Tees. Mit Zitaten und Rezepten. Cadolzburg 2004

Cornelia Teufl: Tee. Die kleine Schule. Alles, was man über Tee wissen sollte. München 1996

Arend Vollers u.a.: Das Tee-buch. Wiesbaden 1989

Arend Vollers: Tee. München 1996

Arend Vollers: Die Kunst, Tee richtig zu genießen. Geschichte, Kultur, Herstellung, Sorten. Weyarn 1998

Wang Ling: Die chinesische Teekultur. Peking 2002

Jörg Zittlau: Das große Buch vom grünen Tee. München 2002

Jörg Zittlau: Grüner Tee. Heilpflanze aus dem Fernen Osten. Köln 2005

TEESEITEN IM INTERNET

www.teebuch.de/001.htm
Virtuelles Teebuch mit fundierten Informationen.

www.swr.de/kaffee-oder-tee/essen/tee/index.html
Empfehlenswerte und sehr umfangreiche Seite.

www.terratee.de
Viel Wissenswertes zu Geschichte, Botanik, Konsum und Nutzen der Teepflanze.

www.benjowskitea.de
Viele Infos rund um den Tee.

www.tee-import.de
Über die »Faszination Tee«.

www.messmer.de
Neben den firmenspezifischen Informationen findet sich viel allgemein Wissenswertes auf diesen Seiten.

www.tee.de
Neben den verbandsspezifischen Informationen findet sich viel allgemein Wissenswertes auf diesen Seiten.

www.teesorten.de
Überblick klassischer Teesorten mit Fotos.

www.teescout.de
Portal mit vielen Informationen und Adressen von Anbietern.

www.gruentee-direkt.de
Chinesisches Tee-Insiderwissen mit wissenschaftlich fundiertem Background. Mit einem ausführlichen Verzeichnis aller chinesischen Grüntees.

www.teeweg.de
Beschreibung der traditionellen japanischen Teezeremonie Chadô.

www.de.wiktionary.org/wiki/Tee
Bedeutungserklärungen, Wortherkunft, Synonyme und Übersetzungen.

www.tea.old-tins.com
Umfangreiche Sammlung an Teedosen.

www.teedosen.de
Sammlung an Teedosen mit Links zu den Archiven mehrerer anderer europäischer Sammler.

MUSEEN

Das Ostfriesische Teemuseum Norden
Am Markt 36
26506 Norden
www.teemuseum.de

Bünting Tee-Museum in der Friesischen Tee-Companie
Brunnenstr. 33
26789 Leer
Tel.: 0491-925 00 60
Fax: 0491-925 00 61
www.buenting-teemuseum.de

De Theefabriek
Hoofdstraat 15-17
NL-9973 PD Houwerzijl
Tel.: 0031-595-57 20 53
Fax : 0031-595-57 20 51

Bramah Museum of Tea and Coffee
40 Southwark Street
London SE1 1UN

Flagstaff House Museum of Tea Ware
10 Cotton Tree Drive
Central Hong Kong (im Hong Kong Park)
Tel.: 00852-2869 0690
Fax: 00852-2810 0021

Tea Museum in der Hantane Tea Factory
Kandy
Sri Lanka
www.pureceylontea.com/teamuseum.htm

Beautiful Tea Museum
193-1, Insa-dong
Jongro-gu
Seoul
Südkorea
Tel.: 0082-2-735-6678
Fax: 0082-2-735-6678

DANK

Bernardaud
11, rue Royale
F-75008 Paris
Tel.: 0033-1-47 42 82 66

C. F. O. C.
170, boulevard Haussmann
F-75008 Paris
Tel.: 0033-1-53 53 40 80

Mariage Frères
Tel.: 0033-1-43 47 18 54

Kusmi
75, avenue Niel
F-75017 Paris
Tel.: 0033-1-42 27 91 46
56, rue de Seine
F-75006 Paris
Tel.: 0033-1-92 35 01 45

Wedgwood bei Old England
12, boulevard des Capucines
F-75009 Paris
Tel.: 0033-1-47 42 81 99

Les Contes de Thé
60, rue du Cherche-Midi
F-75006 Paris
Tel.: 0033-1-47 42 81 99

Muji
Tel.: 0033-1-41 83 70 93

Yodoya
6-8, rue Saint-Gilles
F-75003 Paris
Tel.: 0033-1-48 87 23 05

Minamoto Kitchoan
17, place de la Madeleine
F-75008 Paris
Tel.: 0033-1-40 06 91 28

Mit Ausnahme der Seiten 60/61, 94/95, 98 und 103 (© Roger-Viollet)
stammen alle Fotos dieses Buches von Sophie Boussahba.

Titel der französischen Originalausgabe
Thé
Copyright © 2006 by Flammarion, Paris

Copyright © 2007 der deutschen Ausgabe by Flammarion, Paris
Alle Rechte der Verbreitung, auch durch Film, Funk und Fernsehen, fotomechanische Wiedergabe,
Tonträger jeder Art, auszugsweisen Nachdruck oder Einspeicherung und Rückgewinnung
in Informationssystemen aller Art, sind vorbehalten.

Koordination: AIO Buch und Bücher, Dr. Günther Fetzer, München
Lektorat: Maria Müller
Styling und Arrangements: Emmanuelle Javelle
Grafische Gestaltung: Delphine Delastre
Satz: BUCHFLINK Rüdiger Wagner, Nördlingen
Lithografie: Penez, Lille
Druck: MTK, Ljubljana

Printed in Slovenia

ISBN 10: 2-08-020061-5
ISBN 13: 978-2-08-020061-7
FB 0061-07-III
Dépôt légal: 3/2007

Flammarion
87, quai Panhard et Levassor
F-75647 Paris Cedex 13

www.editions.flammarion.com

LUSTVOLL LEBEN

Gilles Pudlowski | Maurice Rougement
Spitzenköchinnen und ihre besten Rezepte
160 Seiten mit 180 Fotos

Lindsay und Patrick Mikanowski | Grant Symon
Kartoffel
192 Seiten mit 350 Fotos

Lindsay und Patrick Mikanowski | Grant Symon
Roh
176 Seiten mit 350 Fotos

Lindsay und Patrick Mikanowski | Grant Symon
Gemüse
176 Seiten mit 250 Fotos

Lindsay und Patrick Mikanowski | Grant Symon
Eier
176 Seiten mit 250 Fotos
(in Vorbereitung)

Flammarion